novum pro

Sylvie-Marie Koll

Chroniques écossaises
L'âge de raison

novum pro

www.novumverlag.com

Bibliografische Information
der Deutschen Nationalbibliothek:

Die Deutsche Nationalbibliothek verzeichnet diese Publikation in der Deutschen Nationalbibliografie. Detaillierte bibliografische Daten sind im Internet über http://www.d-nb.de abrufbar.

Alle Rechte der Verbreitung, auch durch Film, Funk und Fernsehen, fotomechanische Wiedergabe, Tonträger, elektronische Datenträger und auszugsweisen Nachdruck, sind vorbehalten.

© 2012 novum publishing gmbh

ISBN 978-3-99026-698-4
Umschlagfotos: Michael Stemmer, www.mist-kommunikationsdesign.de
Umschlaggestaltung:
novum publishing gmbh
Layout & Satz: Sylvie-Marie Koll
Innenabbildungen: Michael Stemmer, www.mist-kommunikationsdesign.de (10)

Die von der Autorin zur Verfügung gestellten Abbildungen wurden in der bestmöglichen Qualität gedruckt.

Gedruckt in der Europäischen Union auf umweltfreundlichem, chlor- und säurefrei gebleichtem Papier.

www.novumverlag.com

Contrainte d'effectuer un stage dans une entreprise zurichoise, Samantha Ogilvie est loin de se douter que son existence va bientôt changer de façon radicale.

Ballottée, depuis l'enfance, d'un pays à l'autre par une famille chaleureuse mais hors-normes, la jeune femme fait la connaissance d'un allié inattendu dont la curiosité l'aidera à lever le voile qui plane sur sa naissance.

Entre une première expérience professionnelle, un milieu universitaire exaltant et l'existence protégée d'une héritière, notre héroïne devra faire ses propres choix.

Ce roman est une œuvre de pure fiction ; il est le miroir de ces mouvements de l'esprit qui, prenant comme tremplin des éléments ou des situations de notre quotidien, nous permettent de transformer - de passer au crible de notre entendement [1]- notre vie, afin de lui donner tout son sens…

---

[1] *Richard Beau, Cours de Philosophie.*

« *Mais, j'ai tellement de romans en moi…Taisez-vous et écrivez !!!* » *Yves-Marie Lequin.*

Aux femmes et aux hommes de bonne volonté.

Chapitre I

Kilchberg, Suisse, septembre 1982...

Suivant le sentier du lac avec Chivas, Samantha se remémorait sa première journée dans ce nouvel environnement. En fait, elle n'était pas mécontente. L'accueil des stagiaires par la responsable des relations humaines avait été très sympathique. Ils étaient six à avoir été acceptés : trois garçons, trois filles, respect des quotas !

Dire qu'elle s'était fait du souci quant aux exigences de son père n'est pas un vain mot. Pourquoi avait-il décidé maintenant, qu'elle devait faire l'expérience pratique et personnelle du quotidien de millions de gens ?
Bien sûr, tous ses frères avaient dû, eux aussi, faire de telles choses avant de pouvoir exercer leurs talents. Mais c'était des hommes, *eux* ! Refrain qui lui avait été répété assez souvent.

Evan avait acquis de haute lutte le droit de continuer à construire des ponts, des tunnels et des routes dans les endroits les plus dangereux de la planète à condition que le domaine tourne ; ce qui était théoriquement et pratiquement impossible à réaliser dans une exploitation agricole devant faire vivre autant de monde. Il avait pourtant réussi à partir en Egypte, puis en Inde, en tant que consultant sur de nombreux projets. Il avait même admis devant sa sœur que c'était cela qui lui faisait retrouver Kinloch-Abbey avec tant de joie.

Hayden, le financier génial de la famille était parti diplôme en poche et mort dans l'âme, dans le Nord de l'Inde restaurer - ou plutôt sauver - la plantation en ruine d'un ex-camarade d'université de son père. Il en était revenu transformé : traumatisé et... riche! Un petit stage de quelques semaines, lui avaient-ils dit ; il avait dû rester trois ans ! Mais il était maintenant assez fier d'avoir racheté à sa tante sa demeure londonienne.

Tante Henrietta s'était trouvé un charmant petit cottage près d'Oxford, lieu magique, regorgeant de jeunes et beaux partis pour Sophie, sa cousine.

Drayton, le numéro trois de la fratrie, s'épanouissait dans la Royal-Navy et Elliot finissait des études de théologie hésitant encore et toujours entre la pastorale et l'archéologie. Quelle famille ! Mais elle ne l'aurait échangée contre aucune autre, seulement... elle avait très souvent besoin du soutien inconditionnel de Danaëlle, sa belle-mère, pour tenir tête à tous ces *mâles...*

Alors, lorsque son père avait eu cette idée de stage, elles avaient tout essayé, en vain, pour le faire changer d'avis. Un stage ? Elle venait déjà de faire deux années postdoctorales à l'école polytechnique de Zürich ; et elle serait bien volontiers rentrée à Oxford poursuivre les mêmes études qu'Elliot !

Subitement, au détour du chemin, Chivas se mit à japper joyeusement...

Reconnaissant, dans la silhouette venant vers eux, le propriétaire de son appartement, Samantha le salua :
- Bonsoir, Monsieur Friedrich, comment allez-vous ?
- Bien, merci, mademoiselle Samantha. Je me suis permis de sortir votre chien ce midi avec Marnie, car il pleurait derrière la porte...
- Oui, il a un peu de mal à rester enfermé. C'était plus facile à l'E.T.H.[2], j'étais plus libre de mon emploi du temps et je pouvais me permettre de le sortir entre-deux.
- Oh, mais cela ne nous dérange guère, n'est-ce pas Marnie ? demanda-t-il à sa compagne, une bergère bernoise bien en chair. Se tournant de nouveau vers la jeune femme, il poursuivit : vous plaisez-vous dans le studio, mademoiselle ?
- Oh oui, c'est magnifique ! La vue sur le lac est merveilleuse, surtout dans la brume matinale.
- Oui, cela doit vous rappeler un peu l'Ecosse. Surtout, n'hésitez pas s'il vous manque quoi que ce soit ; les journées deviennent longues à mon âge et je me ferai un plaisir de vous rendre service.
- C'est vraiment très gentil à vous, j'ai de la chance que vous ayez proposé cette solution à mon père. C'est la première fois que j'habite seule.
- Eh bien, profitez de votre nouvelle liberté, mademoiselle, je vous souhaite le bonsoir ; Marnie et moi allons faire réchauffer notre soupe.

Ils se quittèrent en riant et Sam poursuivit son chemin le long du lac.

---

[2] *E.T.H. Eidgenössische Technische Hochschule, Zürich..*

Quelle agréable promenade du soir ! Bien sûr, un tout petit peu plus bruyante qu'à Skye, mais la ville et ses environs offraient tant de choses à découvrir que, même en deux ans, elle n'avait pu en faire le tour. Par ailleurs, elle n'était pas trop loin du chalet que possédait sa famille et Rolf, son voisin et maintenant collègue, pourrait l'emmener là-haut, dès qu'il irait voir ses propres parents. En fait, elle n'était vraiment pas à plaindre ; ces quatre mois de stage passeraient vite et elle pourrait enfin rentrer !

Rentrer, mais où ? A Skye ? A Oxford ? A Paris ? L'Ecosse, c'était bien pendant les vacances à son âge, mais toute l'année… A vingt et un an, presque vingt-deux, on a envie de voler de ses propres ailes.

Samantha et Elliot avaient toujours été très proches et elle soupçonnait son père de vouloir les séparer. Mais pourquoi ? Après tout, c'était son frère !

Evan, leur aîné, venait de trouver la femme de sa vie, à deux pas de chez lui. Une histoire rocambolesque qui avait bien failli lui coûter la vie ! Sa nouvelle belle-sœur, Esther, était une extraordinaire fille des Highlands dotée d'un père pasteur de la pire espèce et d'une tante acariâtre ; Samantha en venait presque à trouver tante Henrietta sympathique.

Hayden étant marié depuis maintenant quatre ans, elle avait perdu son souffre-douleur préféré !

Non, finalement c'était à Oxford qu'elle se sentait le plus chez elle désormais ; elle ne séjournait dans la capitale française, lieu de résidence principale de son père, que pour transiter vers la Grande Bretagne. Cela lui permettait de discuter âprement entre femmes avec sa belle-mère, la fée Danaëlle - comme l'avait surnommée Evan. Puis, elle s'envolait pour l'Angleterre après avoir embrassé ses demi-frères et sœurs.

Sur ces réflexions édifiantes, Samantha fit demi-tour pour rejoindre son nouveau logis.

*

Une semaine plus tard, elle suivait en compagnie de deux des stagiaires, la directrice des relations humaines qui les guidait vers les terrains de sport de l'entreprise. L'Alt-Züricher se donnait beaucoup de mal pour attirer les jeunes talents, surtout ceux qui sortaient de la prestigieuse E.T.H.

Dans un premier temps, simple caisse de retraite, puis compagnie d'assurance, la société avait maintenant d'autres exigences dont l'une consistait à financer des bourses d'études pour de jeunes chercheurs ; et, si cela ne rapportait pas d'argent à court terme, cela lui permettait de jouer dans la cour des grands... d'où son intérêt grandissant pour le partenariat avec l'université et les écoles supérieures.

Les jeunes gens et jeunes filles qui sortaient diplômés du *Polytechnikum*[3] de Zürich pouvaient prétendre aux plus hautes destinées et le nombre de prix Nobel issus de ses murs contribuait à lui seul à faire sa renommée... Alors, l'entreprise avait tout intérêt à être du côté des gagnants !

Les terrains de tennis étaient impeccablement entretenus au point que Samantha se demanda si le revêtement n'était pas synthétique ; rien à voir avec le terrain défoncé du château sur lequel elle disputait de

---

[3] *ETH; école polytechnique de Zürich*

violentes parties avec ses frères, ni avec ceux d'Oxford qui étaient toujours tellement encombrés, qu'elle en avait perdu l'envie de jouer régulièrement.

- Alors, qu'en pensez-vous ? Demanda leur accompagnatrice.

L'endroit était superbe : quatre des courts se trouvaient à moitié abrités sous les grands arbres du parc des sports, deux autres bien dégagés au milieu d'une immense pelouse et les derniers, ou le dernier - Samantha n'aurait su le dire - avaient la possibilité d'être couverts pendant la mauvaise saison.

La responsable des relations humaines, mademoiselle Diana Schneider, avait présenté aux stagiaires les diverses activités sportives que l'entreprise proposait à ses employés et Sam, ainsi que deux des garçons, avait sauté sur l'occasion de pratiquer de nouveau le tennis.

- C'est très impressionnant, je n'avais jamais vu de terrains aussi luxueux, et... levant comiquement les sourcils, la jeune femme ajouta : est-il vraiment permis de courir dessus ?

La directrice et les deux autres stagiaires rirent de sa remarque ; l'un d'eux ajouta :
- Je crois que je vais être obligé de freiner proprement au lieu de glisser en faisant de superbes empreintes...
- Oh, lorsque vous verrez comment jouent les équipes si la balle est décisive, vous n'aurez plus aucun scrupule, renchérit mademoiselle Schneider. Mais je dois admettre que le lieu est particulièrement beau : là-bas, derrière le bouquet de chênes, il y a le club-house ; les installations viennent d'être refaites et la cafétéria se donne des allures de restaurant gastronomique !

Les trois stagiaires hochèrent la tête d'un air entendu car ce n'était pas avec leur maigre indemnité de stage qu'ils fréquenteraient ce genre d'établissement ! Ils pouvaient profiter déjà de l'accès gratuit aux terrains, ce qui était en soi une sacrée aubaine.

- Eh bien, je vais vous présenter maintenant aux membres du Club, comme cela vous pourrez trouver des partenaires. A cette heure-ci, ils doivent avoir presque fini de s'entraîner ; s'il y a parmi vous, continua-t-elle, des joueurs classés, nous serions plus qu'intéressés... nous avons encore plusieurs matchs avant la fin de la saison et nos scores, cette année, sont loin d'être brillants !

- Nous ferons de notre mieux, répondit l'un des garçons appelé Charles Griesinger ; je joue depuis l'âge de huit ans et je ne me débrouille pas mal...

- Oh, mais c'est parfait, s'exclama Diana, je vais vous présenter au nouveau capitaine d'équipe.

Ils s'approchèrent du groupe qui s'était rassemblé autour d'une table encore ensoleillée.

Samantha ne se sentait pas très à l'aise, elle jouait depuis toujours au tennis avec ses frères mais personne dans la famille n'avait encore éprouvé le besoin de se classer ; quelle idée ?

Chez elle, il y avait deux sports pratiqués en dehors de l'équitation qui était une véritable institution : l'escrime l'hiver et le tennis l'été ; dans les deux cas cela finissait toujours par de violentes disputes, car elle n'avait jamais pu accepter que ses frères soient les plus forts. Mais maintenant que sa cousine Deborah était devenue si brillante en escrime, les autres membres de la famille évitaient les joutes avec elle. Seul Drayton arrivait à s'en sortir avec honneur, mais sa jeune cousine n'avait pas dit son dernier mot. Elle était championne de l'équipe du *Balliol College* et de l'Oxfordshire - qui regroupaient pourtant d'excellents éléments - et Samantha était très fière d'elle.

Le petit groupe attablé près des arbres répondit à leur salut mais la sensation de malaise de Samantha s'intensifia lorsqu'elle vit deux des joueuses, très élégantes dans leur tenue de tennis dernier cri, minauder avec son voisin - que Sam avait reconnu - et une espèce de prétentieux qui lui déplut immédiatement !

- Voilà, je vous présente le docteur Oliver Schrödinger, notre nouveau capitaine d'équipe et Rolf Günther notre meilleur joueur chez les hommes.

- Et qui est la meilleure chez les femmes ? Demanda Sam prête à en découdre.

Diana lui sourit gentiment :

- Il paraît que c'est moi.

L'humeur guerrière de la jeune femme se calma instantanément !

Les présentations faites, Rolf s'adressa à elle :

- Salut Sam, je suis ravi que tu viennes jouer avec nous, s'exclama-t-il, cela va peut-être nous sauver de la défaite qui s'annonce ; jusqu'à maintenant nous avons perdu beaucoup de matchs et Diana ne peut pas jouer tous les simples et ensuite enchaîner avec les doubles…
- Ce que tu peux être désagréable parfois, intervint une très jolie blonde, très sûre d'elle-même.

Elle forme un couple parfait avec le prétentieux, pensa Sam en elle-même…

La belle blonde reprit :
- Eh bien asseyez-vous donc, je m'appelle Julia Brenner et je suis l'assistante de monsieur Günther.
- Tu as une assistante, Rolf ? S'étonna Samantha.

Les autres éclatèrent de rire et la jeune femme s'empourpra sous leurs regards.

Julia Brenner lui expliqua avec condescendance, la raison de leur hilarité :
- L'assistante de Günther senior… le directeur de l'entreprise.

Samantha sut immédiatement qu'elle s'était fait une ennemie !

Sous ses airs sympathiques, la secrétaire de direction, comme l'avait rebaptisée directement Sam, ne laissait rien passer ; on sentait qu'elle observait tout le monde afin de pouvoir classer son entourage suivant ses besoins.

Le beau gosse était le seul à n'avoir pas ri de la méprise de Sam et il était en train de l'observer d'un regard plutôt ambigu qui acheva de la mettre hors d'elle.

Elle aurait vraiment mieux fait de choisir le club de voile…

Rolf reprit alors, la conversation :
- Eh bien, pendant que nous sommes encore un peu en forme, je propose de jouer de la façon suivante : je prends Charles, les filles vous faites un double mixte avec David et toi, Schrödinger... je te conseille ma chère voisine Samantha Ogilvie ; tu vas avoir des surprises, cramponne- toi !
- Mais très volontiers, s'inclina le bellâtre, souriant de toutes ses dents. Si mademoiselle veut bien me suivre...
Il se leva avec une nonchalance étudiée et Sam s'aperçut qu'il était presque aussi grand qu'Evan, ce qui la déstabilisa un peu.
- Nous prendrons le court numéro quatre, l'informat-il, en suivant l'allée parfaitement dessinée qui serpentait entre les massifs de fleurs : Samantha, c'est de quelle origine ? Lui demanda-t-il d'un air désabusé.
- Chinoise ! Lui lança la jeune femme sentant la moutarde lui monter lentement mais sûrement au nez...
- Et on joue avec des planches en Chine ?
Prise au dépourvu, elle lui jeta un regard interrogateur. D'un mouvement du menton, il lui indiqua sa raquette.
- C'est du bon bois pour faire le feu, ça ; on trouve de très bonnes raquettes en métal maintenant.
Bien sûr, mais c'est moins pratique pour la fendre sur le crâne de son adversaire, songea Samantha.
- Elles me donnent mal au coude, répondit-elle cependant, se dominant admirablement.
- C'est parce qu'il faut mieux les équilibrer, de plus, ajouta-t-il, la prise est trop grosse par rapport à ta main et avec un tamis plus large on rate aussi moins de balles...

- Ce n'est pas vraiment mon problème, j'ai des frères qui m'ont bien entraînée, assura Sam, outrée qu'il se permette de la tutoyer et fermement décidée à rester imperméable à toute tentative de séduction.

Aux premières balles échangées, Schrödinger comprit qu'il avait une partenaire de taille en face de lui, mais malgré tout, d'un air narquois, il la baladait de gauche à droite du terrain cherchant visiblement à l'essouffler.

Samantha suivait gentiment le mouvement, économisant au maximum ses déplacements ; elle reconnaissait la technique de Hayden ce qui la rassurait un peu. Son coup droit fonctionnait à merveille et elle essayait au maximum de ne pas dévoiler la puissance de son revers…

Au bout de dix minutes, Oliver lui proposa un set qu'elle accepta immédiatement.

Vingt minutes plus tard, Samantha menait quatre jeux à zéro ! Il était hors de lui, ne comprenant pas comment elle faisait pour anticiper avec une redoutable efficacité tous ses coups

- Elle est impressionnante la petite, n'est-ce pas ?
Oliver reconnu la voix de son ami, ce qui n'arrangea pas son humeur.

Rolf s'assit tranquillement sur le banc voisin, admirant avec quel raffinement Samantha faisait perdre ses moyens à son adversaire.

Dès que Schrödinger frappait un peu les balles, elle lui renvoyait des chandelles avec un tel effet qu'il ne pouvait même pas smasher !

Il ne pouvait quand même pas jouer avec une *faible* demoiselle comme avec un homme, non ?

Et, bien malgré ses principes, il commença à pilonner son adversaire par des services que même son partenaire habituel aurait eu quelque peine à renvoyer.
Après tout, il avait sa fierté... Diana et Julia avaient rejoint Rolf et Oliver sentait son calme l'abandonner de minute en minute.
Finalement, il dut s'incliner six à quatre ; il avait réussi à reprendre la main mais pas assez vite face à la détermination de son adversaire.
Les applaudissements qui accompagnèrent la victoire de Samantha, ou plutôt sa défaite, lui parurent intolérables.
La jeune femme par contre, rayonnait littéralement.
- Eh bien je crois que notre saison est sauvée, clamait Diana.
- Oliver a trouvé son maître, ajouta Julia, ironique.
- Et ils sont tous comme ça dans la famille Ogilvie, lui asséna Rolf pour conclure.

Samantha avait la tête qui tournait tellement elle était heureuse : c'était la première fois qu'elle gagnait contre un adversaire masculin, jamais ses frères ne voudraient la croire !
Elle vit Oliver s'approcher d'elle, un sourire crispé à la bouche, immédiatement elle sentit le danger...
- Mademoiselle acceptera certainement de m'accorder la revanche ?
- Bien sûr, mais peut-on la reporter à une prochaine fois, proposa-t-elle ?
Elle aurait tellement voulu profiter plus longtemps de ce moment de grâce, mais elle savait très bien qu'il n'accepterait jamais. Il s'était rendu ridicule devant son aréopage et cela - en bon mâle qu'il était - il ne pouvait l'accepter !

- Je pense qu'il faut battre le fer tant qu'il est chaud, lui répliqua-t-il d'un ton sarcastique.
- Eh bien d'accord, je bois un peu et nous pouvons continuer, répondit courageusement Samantha.

Le deuxième set fut une torture pour la jeune femme. Oliver avait décidé de prendre sa revanche devant ses pairs et il ne lui faisait aucun cadeau ; elle réussissait à grappiller quelques points ici et là en jouant la fille dépassée par les événements, mais il reprenait tout de suite la main.

Elle dut s'incliner à son tour six à quatre, elle avait mal partout et parvenait à peine à tenir sa raquette.

S'approchant d'elle, Oliver lui dit :
- Je vous avais prévenue, princesse, votre raquette est mal équilibrée.
- Et bien sûr, vous le saviez avant même que nous ayons commencé à jouer ! lui répondit-elle rageusement.
- Pour les petits gabarits dans votre genre, il vaut mieux un grand tamis, on fatigue beaucoup moins !
- Mais je ne suis pas du tout fatiguée, mentit-elle !
- Alors on continue...

Diana s'interposa :
- Oliver, tu vois bien qu'elle ne peut plus tenir sa raquette, ayez deux sous de bon sens tous les deux et arrêtez maintenant !

Oliver regarda Diana, puis son regard revint sur sa partenaire... mais l'affront était trop vif, elle avait besoin d'une leçon !
- D'accord ! Faisons la belle en sept points, accepta-t-il.

Diana leva les yeux au ciel, comment pouvait-on être têtu à ce point ?

Samantha tenta de faire bonne figure, mais ses forces avaient décidé de l'abandonner et, comme chaque fois avec ses frères, elle dut s'incliner devant la force, elle en aurait pleuré de rage : sept à trois !

Elle refusa la main tendue d'Oliver ainsi que le pot proposé par Rolf ; et pour couronner le tout, Julia Brenner ne trouva rien de mieux à dire, son regard allant d'Oliver à l'ombre de Sam :

- Oh ! Mais c'est très curieux, vous avez les mêmes yeux tous les deux quand vous êtes en colère…

Seule Diana sembla comprendre ce que la jeune femme éprouvait. Elle lui proposa gentiment de la raccompagner et ajouta :

- Samantha Ogilvie, l'équipe de l'Alt-Züricher compte sur vous pour sauver la saison : ne nous laissez pas tomber !

Contre toute attente, ils éclatèrent tous de rire et d'un seul coup, tout redevint simple.

*
* *
*

Chapitre II

Malgré les hauts et les bas, dus en grande partie à son caractère bien trempé, Samantha semblait s'être acclimatée à son nouvel environnement et au bout de quelques semaines elle y avait trouvé sa place.

Elle avait fait de son sujet de stage quelque chose qui dépassait largement ce que l'Alt-Züricher attendait d'elle ; cherchant à utiliser au mieux ses connaissances en sciences physique et philosophique, elle tentait de mettre au point des modèles de comparaison originaux à partir des données que lui avait confiées le service santé de la compagnie, par l'intermédiaire de son ami Rolf.

Sa vie au sein de l'entreprise lui apportait de plus en plus de joies et sa relation avec ses compagnons de stage était très enrichissante. Charles Griesinger avait choisi une approche à la fois plus technique et plus médicale, tandis qu'Alain Jenner enregistrait toutes les données de ses deux collègues afin d'en tirer de nouvelles concordances.

Leur trio était le plus uni parmi les stagiaires, certains se jugeant apparemment trop bons pour un travail en commun…

Ce même esprit d'équipe, ils le retrouvaient lors des entraînements de tennis des mardis et jeudis soirs qui leur permettaient de se défouler au maximum ; et grâce à monsieur Friedrich, Chivas-Regal, le compagnon à quatre pattes de Samantha ne trouvait pas les journées trop longues.

En un mot, son petit monde tournait rond et depuis qu'elle faisait partie de l'équipe avec Charles, ils n'avaient plus perdu un seul match. Elle avait encore un peu de mal en simple dames, car elle s'ennuyait très vite et avait tendance à se dissiper, mais en double dames... avec Diana Schneider comme partenaire, on les avait surnommées « les tueuses » !

La seule ombre au tableau, c'était ce dernier match de la saison qui s'annonçait et tombait pile le jour de ses vingt-deux ans !

Ses parents comptaient venir exprès de Paris pour la retrouver à Zollikon, sur les bords du lac - où ils séjournaient lors de leurs passages à Zürich - afin de partager avec elle le gâteau d'anniversaire.

*

Le dernier double-mixte de l'année se terminait sur la victoire nette et sans bavures de l'équipe de l'Alt-Züricher-Versicherung... et quelle victoire ? Samantha et Oliver avaient peut-être gagné mais l'humeur d'Oliver était massacrante.

- Je n'arrive vraiment pas à comprendre comment nous avons pu remporter ce match ! Lui dit-il, après qu'ils eurent serré la main de leurs adversaires déconfis : j'ai eu l'impression de me battre contre trois personnes à la fois !

- Tu n'as pas arrêté de me piquer mes balles... C'est de ta faute, tu jouais à ma place !

- Vu la lenteur avec laquelle mademoiselle se déplaçait sur le terrain, nous n'aurions jamais pu gagner sans cela !

- Du calme, du calme... cela suffit tous les deux, s'exclama Diana en s'interposant entre eux, nous avons gagné, c'est le principal !

Furieux, Oliver se dirigea vers le vestiaire des hommes ; Samantha s'assit sur le banc le plus proche, le visage congestionné, les deux mains pressées sur le ventre.

- Cela ne va pas Sam ? S'enquit sa compagne.
- J'ai tellement mal au ventre... Je crois que je vais vomir !
- C'est Oliver qui te met dans cet état ? Demanda Diana moqueuse.
- Non... pas seulement, mais... elle hésita, leva les yeux vers sa partenaire dont l'air inquiet lui donna le courage de lui avouer ce qui lui arrivait : je suis indisposée et cela me rend toujours tellement malade !
- Et c'est maintenant que tu le dis ? J'aurais pu jouer à ta place...
- Tu sais bien que Rolf et Oliver ne veulent pas que nous fassions plus de deux matchs en tournoi !
- Ils veulent surtout que nous gagnions, répliqua Diana, le reste, ils s'en fichent un peu, tu ne crois pas ?

Samantha acquiesça en grimaçant.
- Bon, je vais te ramener chez toi.
- C'est que... hésita la jeune femme, aujourd'hui je dois aller chez mes parents et c'est de l'autre côté du lac.
- Ecoute, je ne peux pas te laisser comme cela, tu préfères que je demande à Oliver de te raccompagner ?

Croisant le regard furieux de la jeune fille, elle continua :

- Non ! Alors, en route ! Je prendrai ma douche plus tard.
Elles quittèrent les courts et se dirigèrent vers le parking, Samantha traînant sac et raquette en soupirant.
- J'espère que je ne serai pas malade en voiture, s'inquiéta-t-elle.
- Tu n'as pas intérêt !

*

Vingt minutes plus tard, la voiture atteignait le portail de la villa *Schöne Aussicht*[4] des Ogilvie.
Le parc était magnifique revêtu de ses tons d'automne ; une allée de graviers montait doucement vers une grande bâtisse, serpentant entre les arbres, les pelouses et les parterres de fleurs.
- Mais c'est superbe ! S'exclama Diana, cela fait longtemps que tes parents habitent là ?
- Mon père a acheté le domaine, il y a quelques années, à Monsieur Friedrich - mon propriétaire - c'est comme cela qu'il a pu construire ses deux petits immeubles à Kilchberg, de l'autre côté du lac ; l'endroit lui rappelait trop sa femme décédée, alors il a préféré recommencer tout autre chose.
Diana s'arrêta devant l'entrée, médusée devant tant de... sereine richesse.

- Bon, s'exclama-t-elle un peu gauchement, et bien, je crois que je peux t'abandonner maintenant que tu es

---

[4] « *Bellevue* »

en lieu sûr ; j'espère que cela va aller mieux si tu t'allonges.

- Tu ne veux pas rester un peu ? Demanda Sam, en hésitant devant la crispation de Diana. Ainsi, je pourrai te présenter à mes parents.
- Tu es sûre que je ne dérangerai pas ?
- Mais pas du tout ! De plus, c'est mon anniversaire, c'est pour cela qu'ils sont venus de Paris ! Tiens, gare-toi sur la gauche, après la maison.

Ne trouvant pas d'autres arguments pour refuser l'invitation, sans blesser sa compagne, Diana s'engagea sous la voûte des arbres et arrêta la voiture.
- Voilà ! C'est parfait, conclut la jeune fille, heureuse de la décision de son amie.

Elles contournèrent la grande bâtisse de couleur rosée dont les portes fenêtres donnaient vers le lac en contre-bas, puis, montant ensemble les quelques marches de pierre conduisant à la porte d'entrée, elles furent accueillies par un imposant majordome.

- Bonjour Monsieur Finch-Hatton, pouvez-vous nous annoncer à mes parents ?
- Sa Grâce, lord Peter et son épouse lady Danaëlle, vous attendent déjà dans le salon, Mademoiselle Ogilvie, la reprit celui-ci, soucieux des usages ; puis, s'adressant à la compagne de la jeune femme, il lui demanda :
- Madame ? Mademoiselle ? À qui avons-nous l'honneur ?
- Mademoiselle Diana Schneider, répondit la jeune femme fortement intimidée.
- Bien Mademoiselle, puis se tournant de nouveau vers Samantha, il continua : Mesdemoiselles les jumelles vous ont préparé une surprise…
- Oh, encore un gâteau au chocolat je suppose ?
- J'en ai déjà trop dit, Mademoiselle, ajouta-t-il en les priants d'un geste, de le suivre.

Accompagné des deux jeunes femmes, Finch-Hatton traversa le vestibule ; il bifurqua sur la droite, ouvrit une double porte et Diana eut la sensation d'avoir traversé le miroir d'Alice. Subitement, elle avait changé de monde, de références, d'époque. Déjà, dans les deux pièces qu'elles venaient de traverser, on aurait pu faire tenir plusieurs fois son appartement… mais ce qui s'offrait à ses yeux la laissa sans voix.

- Mademoiselle Samantha et Mademoiselle Diana Schneider, proclama le majordome avec emphase.

Diana osait à peine entrer. Elle, si sûre d'elle-même en temps normal se sentait paralysée par l'angoisse.

Dans un immense salon décoré avec simplicité mais raffinement se tenait la famille Ogilvie. Un homme de haute taille au regard perçant ainsi qu'une jeune femme et trois enfants étaient rassemblés devant une

cheminée dans laquelle crépitait un bon feu, du genre de celui que l'on allume après une grande promenade hivernale. Le couple du reste, portait de gros chandails et les enfants avaient encore leurs vestes.
- Ah, ma chérie... Alors, l'avez-vous gagné ce tournoi ? S'enquit le père de Samantha.
- Oui, mais j'ai affreusement mal au ventre, cela ne pouvait pas tomber plus mal cette fois-ci, vraiment !
- Oh non, ma pauvre chérie, Pierre, il faut absolument que vous laissiez votre fille prendre quelque chose...
- Diana m'a raccompagnée, l'interrompit Sam, je suis heureuse de vous présenter la directrice des relations humaines de l'Alt-Züricher-Versicherung et ma partenaire de tennis. Elle est imbattable !
- Père, pouvons-nous nous retirer ? Demanda le plus jeune des enfants, nous avons des choses à préparer.
- Oui, Bénédict, mais vous écouterez toutes les consignes de madame Döring, n'est-ce pas ?
- Oui, Père, répondit un chœur de voix angéliques.
Les enfants disparurent aussitôt et Pierre Ogilvie se tourna vers Diana, l'invitant à prendre place.
- Nous rentrons à l'instant, voudriez-vous vous joindre à nous pour le thé ? Ou bien quelque chose de plus fort pour fêter votre victoire...
- Non, je vous remercie, le thé conviendra parfaitement, réussit à articuler la jeune femme.
Danaëlle, s'inquiétant pour sa belle-fille, reprit à l'intention de son époux :
- Pierre, laissez Samantha suivre un traitement, elle est si malade chaque mois...
- Madame, vous connaissez ma position sur le sujet et, à sa fille :

- Sammie, demandez à Eléonore de vous donner quelque chose contre la douleur et allongez-vous un peu si vous le souhaitez ; nous ferons connaissance avec mademoiselle Schneider pendant ce temps.
Samantha sourit à Diana en lui disant :
- Je monte et je reviens tout de suite. Elle se rendait compte du désarroi de sa compagne qui se sentait un peu perdue.

Descendant l'escalier après avoir pris son comprimé, elle saisit des bribes de la conversation.
- Ah, il existe un homme qui résiste à ma fille, s'exclamait lord Peter, comme c'est intéressant…
- Pas du tout ! L'interrompit Samantha indignée en entrant dans la pièce. C'est un Allemand affreusement arrogant, il est responsable de l'entraînement au tennis avec Rolf et…
- Je te trouve un peu injuste, intervint à son tour Diana, premièrement, Oliver est d'origine autrichienne - il me semble - et deuxièmement, c'est un garçon vraiment très sympathique ; se tournant vers lord Peter et son épouse, elle continua :
- Bon, d'accord, il avait un peu tendance à ronronner tranquillement jusqu'à ce que Samantha le fasse tomber violemment de son piédestal en le battant dès le premier set, lors de la composition des équipes.
- Racontez-nous cela ! Demanda lady Danaëlle vivement intéressée.
- Eh bien, nous avons proposé aux stagiaires de faire partie des équipes pour les derniers matchs de l'année et Samantha a joué contre Oliver à la demande de Rolf et au premier set, elle l'a battu six à quatre ! L'ambiance est devenue électrique et je dois avouer que votre fille n'a pas eu le triomphe modeste…

Rolf était aux anges et Oliver, d'une politesse glaciale, a proposé à Sam de faire la revanche.
- Oui, et il m'a battu ensuite 6-4 au deuxième set, renchérit la jeune fille et...
- Ils étaient tellement enragés, la coupa Diana, ne pouvant plus réprimer son fou rire, qu'il a fallu les départager en sept points parce que Samantha n'avait plus la force de tenir sa raquette !
- Eh bien, ma chère fille cela me rappelle certaines parties avec vos frères. Saviez-vous, Mademoiselle Schneider, que ma fille a même mordu son frère Drayton parce qu'il l'avait battue ! Cet Oliver ne s'en est pas si mal tiré... Une Samantha perdante est une vraie tigresse, n'est-ce pas, ma chérie ?
- Mmm... et cette pimbêche de secrétaire n'a rien trouvé de mieux à dire que - la jeune femme imitant la voix de Julia Brenner :
« OOOhhh, mais comme c'est curieux, vous avez les mêmes yeux tous les deux... »

L'hilarité générale fut interrompue par l'ouverture de la porte du salon. Les jumelles, Hélène et Tiphaine, entrèrent portant un gâteau d'anniversaire surmonté de dizaines de bougies. Elles semblaient très fières, leur frère Bénédict suivait, des paquets dans les bras, venait ensuite le *high-tea* servi par monsieur Finch-Hatton lui-même.
- Eh bien, je pense que je vais vous laisser fêter l'anniversaire de Samantha en famille, s'excusa Diana en se levant.
- Je vous en prie, restez donc, l'invita Danaëlle ; c'est déjà tellement gentil à vous d'avoir raccompagné ma belle-fille. Samantha ne nous présente jamais ses amis. De plus, les filles sont très fières d'avoir obtenu

la permission de confectionner elles-mêmes un gâteau pour leur sœur ; madame Döring n'accepte personne dans sa cuisine en temps normal.
- Mère, croyez-vous qu'il soit assez gros ? Bénédict dit que nous aurions dû mettre plus de crème pour la garniture, demanda Tiphaine, l'air inquiet.
- C'est parfait, ma chérie, quand nous aurons mangé tout cela, je crois que moi aussi je me remettrai au tennis !
L'ambiance s'échauffa avec l'ouverture des cadeaux...
Diana Schneider, dubitative, observait cette étrange famille. Elle se doutait déjà un peu que Samantha appartenait à une grande famille, mais ce qui se jouait en ce moment sous ses yeux la fascinait. On sentait quelque chose de très fort entre eux tous, une longue histoire, peuplée de drames, de tragédies qu'ils avaient affrontés ensemble et qui donnait cette puissante sensation d'unité entre tous ses membres.
Ogilvie la regardait lui aussi ; haussant les sourcils d'un air interrogateur, il lui demanda :
- Et chez vous, c'est aussi tumultueux ?
- Non, c'est maintenant beaucoup plus calme depuis que mes parents ont décidé de s'installer définitivement au Canada. Mon père est suisse et ma mère québécoise. Elle a toujours eu beaucoup de mal à vivre en Europe. Tout était trop petit ! Ma sœur a épousé un entrepreneur local et depuis, c'est moi qui fais le voyage...
- La vie au Canada ne vous attirait pas ? Lui demanda Lord Peter.
- Personnellement, je trouve la vie là-bas un peu... simple, et puis ce froid dix mois par an, brrr ! Mon travail ici me plaît beaucoup, j'ai toujours été attirée

par les relations humaines et dans une grande société, c'est passionnant !
- Je pense qu'il doit y avoir des problèmes à gérer, à régler quotidiennement...
- Tout à fait, répondit Diana, un peu étonnée de l'intérêt qu'il portait à son travail.

Samantha souffla ses bougies dans l'allégresse générale et son père se pencha vers elle. Il l'embrassa.
- Bon anniversaire, ma princesse.

Ce geste de tendresse en public émut profondément Diana sans qu'elle sache pourquoi.

Peter Ogilvie était extraordinairement séduisant, apparemment c'était de famille ! Grand, longiligne, cheveux blonds cendrés, son regard vert pétillant d'intelligence et de curiosité, penché ainsi sur sa fille comme pour la protéger, il lui rappelait vaguement quelqu'un... mais elle ne parvint pas à l'identifier. Elle se surprit par contre à loucher avec un petit pincement au creux de l'estomac sur les larges épaules légèrement moulées par le pull-over de laine écrue, cent pour cent made in Scotland !

En fait, le père et la fille se ressemblaient énormément, avec quelque chose, d'inachevé ou en attente, chez Samantha.

Heureusement, l'intervention de Bénédict la tira de ces pensées dérangeantes. Le jeune garçon avait offert à sa sœur un bracelet de perles colorées, fait main, *les siennes*, jugea-t-il bon d'ajouter ; Tiphaine et Hélène lui avaient écrit un poème et offert un flacon d'eau de toilette ; enfin, Danaëlle lui remit, de la part d'Arthur, le dernier enregistrement des Petits Chanteurs à la Croix de Bois dont il faisait partie - apprit alors Diana.

Un dernier paquet resta sur la table, Samantha semblant savoir de quoi il s'agissait, Diana dut se mordre la langue pour ne pas lui demander d'ouvrir cette petite boîte mystérieuse…

Dans cette ambiance simple et chaleureuse, elle se sentait bien et n'était pas particulièrement pressée de rentrer chez elle où personne ne l'attendait…

Lorsque le maître de maison lui demanda si elle s'occupait également de la création de la fondation Li-Ann-Ogilvie, elle retomba brutalement sur ses pieds.

- Eh bien, oui et non, cette affaire est assez… tendue !
- Tendue ? Mais pourquoi ?
- Il y a deux ans environ, on m'a demandé d'engager deux personnes afin de mettre au point la création de cette fondation ; c'est du reste à ce moment que le docteur Oliver Schrödinger est entré chez nous. Deux personnes ont donc été embauchées et puis, après quelques mois, plus rien ! La succession de notre directeur général polarisait toutes les énergies.

Etrangement, l'activité de Julia Brenner - la seconde personne embauchée - avait changé : elle était devenue la secrétaire particulière de monsieur Günther. Puis après son départ, celle de monsieur Bermel, le nouveau directeur…

- Et que trouvez-vous étrange dans tout ceci ?
- J'avais refusé la candidature de Julia Brenner car elle n'était pas qualifiée pour le poste mais je n'ai pas été suivie par la direction. Puis, Oliver sembla se désintéresser de son travail. Enfin, il y a là quelque chose de trouble que je n'arrive pas à saisir…

- Mais la fondation doit démarrer dès le prochain semestre ; des équipes scientifiques ont déjà été sélectionnées par le professeur Werthi lui-même...
- C'est bien ce que je vous disais, tout cela me paraît assez bizarre. Mais comment êtes-vous au courant de ce projet, si je puis me permettre de vous poser cette question ?

Lord Peter lui expliqua alors qu'il avait étudié autrefois avec Werthi et que l'idée de cette fondation venait de son fils Evan et de Samantha. Diana tomba des nues lorsqu'elle apprit qu'Ogilvie était le principal actionnaire de l'Alt-Züricher.

- Il va falloir que je regarde tout cela de plus près, reprit-il, depuis combien de temps Günther est-il parti ?
- Officiellement depuis deux ou peut-être trois mois, mais pourquoi ? Voulut savoir la jeune femme.
- Je dois avoir rapidement une conversation avec lui, poursuivit-il, la dernière fois que nous nous sommes rencontrés, tout semblait clair vis-à-vis de sa succession ; un membre de la société devait lui succéder...
- Oui, Monsieur Hoffmann, mais sa femme a été très malade et il a dû prendre tous ses congés pour s'occuper des enfants. C'est à partir de ce moment que les choses ont changé, car une personne venant de l'extérieur l'a remplacé, sans passer par le service des relations humaines et ce candidat était apparemment connu de mademoiselle Brenner. Lorsque je l'ai interrogée à ce sujet, elle m'a répondu qu'ils étaient passés par un cabinet indépendant !
- Bien, je crois que je commence à comprendre vos soupçons. Je vais appeler Günther pour en savoir plus.

A propos, Mademoiselle Schneider, cela vous intéresserait-il de vous occuper des équipes sélectionnées par le professeur Werthi ?
- Oui, bien sûr, et en quoi cela consisterait-il ? Demanda-t-elle, curieuse.
- Eh bien, leur faire passer des tests puis des entretiens, lui répondit lord Peter, vous parlez anglais je suppose ?
Elle hocha la tête en signe d'assentiment.
- Ensuite, dresser leurs profils afin de voir s'ils peuvent s'intégrer dans une équipe. Connaissez-vous les études comportementales du professeur Smyslowsky ?
- Oui, très bien, j'ai même lu tous ses livres. Je trouve son approche très humaine et cela ne l'empêche jamais de traiter chaque problème de façon scientifique.
- Je suis ravi de vous entendre dire cela de lui, car c'est non seulement un ami mais il doit également intervenir comme consultant à la fondation.
- Je serais ravie de travailler pour vous, avec un mentor tel que le professeur Smyslowsky, répondit Diana avec enthousiasme.
- Oh, mais vous travaillez déjà pour moi, Mademoiselle Schneider, ajouta-t-il en souriant.
Il se tourna vers son épouse et sa fille en ajoutant :
- Mais nous reparlerons de tout cela dès que la situation sera éclaircie, je ne veux pas gâcher l'anniversaire de Sammie.

La fin de l'après-midi passa très vite puis Danaëlle et sa belle-fille raccompagnèrent Diana à sa voiture. Elles frissonnaient dans le froid mordant qui avait succédé à cette belle journée ensoleillée de novembre.

- Nous avons été ravis de faire votre connaissance, Diana. Me permettez-vous, de vous appeler ainsi ?
Celle-ci acquiesça et ajouta :
- Merci pour votre invitation et j'espère que Samantha se sentira mieux maintenant.
- Mon époux a encore quelques préjugés conservateurs, répondit Danaëlle en souriant ; pour lui, une jeune fille qui prend la pilule est une femme perdue ! Je m'attends au pire lorsqu'il s'agira des jumelles.
Elles se mirent à rire toutes les trois puis Diana démarra et prit la direction du retour avec un petit pincement au cœur. Quelle famille attachante !

*
* *
*

Chapitre III

En ce lundi midi, Diana et Sam s'étaient retrouvées à la cantine. La jeune femme avait rassuré son amie sur son état et elles s'apprêtaient à s'asseoir avec leurs plateaux lorsqu'Oliver leur fit signe de le rejoindre.
- Salut, les filles, vous avez passé un bon week-end ? Vous ne vous êtes pas inquiétées pour moi j'espère ? Leur demanda-t-il lorsqu'elles s'assirent ?
- Que veux-tu dire, demanda Diana ?
- Je veux juste dire que je vous ai cherchées partout samedi après le tournoi, vous aviez disparu, comme ça sans prévenir...
- Il ne fallait pas rester si longtemps sous la douche, attaqua Sam !

Sentant que la discussion s'envenimait, Diana essaya de calmer le jeu :
- Samantha était souffrante et je l'ai raccompagnée chez elle.
- Pourtant il n'y avait personne quand j'ai appelé.

Samantha l'interrompit,
- Diana m'a raccompagnée chez mes parents.
- Oh, cette pauvre petite chose souffrante avait besoin de Papa et Maman...
- Cela suffit, Oliver, nous n'avons pas de compte à te rendre, répliqua Diana !
- Oh, mais si... En tant que capitaine d'équipe je suis responsable de vous !
- Ne soit pas idiot, j'ai raccompagné Sam chez ses parents, basta ! Et je voulais vous parler d'autre chose, tous les deux.

En les regardant, Diana se rendit compte que ses fabuleux talents de médiatrice allaient être mis à rude épreuve… Ils ressemblaient à deux adversaires qui avaient visiblement envie d'en découdre !

- Bon, continua-t-elle prudemment, mercredi je pars pour le Canada… deux semaines… et j'avais pensé que vous pourriez travailler votre communication en jouant ensemble vendredi soir contre les Hoffmann ; puis, se tournant vers Samantha :
- Tu pourrais me remplacer non ?
- Et moi, on ne me demande pas mon avis ? L'interrompit Oliver. Et pourquoi, je devrais me coltiner une gamine mal embouchée !

Brutalement, Samantha se leva, attrapa son assiette de spaghettis et fixa son vis-à-vis avec fureur. Oliver se pencha instinctivement pour éviter le projectile.

Mais, contre toute attente, avec un calme olympien, la jeune femme reposa son assiette, prit son plateau et se dirigea vers la sortie.

- Tu es fier de toi, demanda Diana ?
- Euh non, pas vraiment, admit-il.
- Je ne te comprends plus Oliver… mais que t'a-t-elle fait ?

Oliver se leva pour aller s'excuser auprès de Samantha, mais celle-ci sortait déjà dignement de la cantine après avoir rendu son plateau intact. Le revers de main qu'elle effectua pour s'essuyer les yeux en poussant la porte n'échappa pas à Schrödinger. Il se sentit un peu honteux de son attitude, c'était une gamine d'accord, mais avait-il besoin de le lui rappeler de cette façon ?

Il retourna vers sa collègue, l'air un peu fautif.

- Je crois que je la connais maintenant suffisamment pour me rendre compte que cela ne doit pas être facile pour elle, reprit Diana.
- Que veux-tu dire, lui demanda-t-il en se rasseyant ?
- Sam était vraiment mal avant-hier, elle n'a pas osé te le dire et a joué quand même, continua-t-elle.
- Je ne comprends pas, nous formons une équipe, non ?
- Oui, mais elle n'a pas du tout les mêmes références que nous.
- Pardon ?
- J'ai rencontré sa famille samedi après-midi, une famille formidable mais... atypique. Ils habitent une grande maison entourée d'un parc au-dessus du lac, de l'autre côté de Zürich.
- Ah, je vois, du style : vous n'êtes pas assez bien pour nous !
- Justement non, je ne te parle pas seulement d'une famille d'une grande richesse, mais d'une famille de très grande classe, des gens qui ont une histoire, ou plutôt qui *font l'histoire* et pourtant ils semblent très simples ; à propos, nous travaillons pour son père...
- Comment ?
- Oui, j'ai appris que le père de Sam était l'actionnaire principal de l'Alt-Züricher, alors attention à ne pas tomber amoureux de sa fille...
- Cela n'en prend vraiment pas le chemin, s'esclaffa Oliver !
- Mmm, Monsieur Ogilvie se demande aussi pourquoi la création de la fondation est tellement en retard ; tu peux m'en dire quelque chose ?
- Non ! Je n'ai pas envie de parler de ça.

- Comme tu voudras, c'est pourtant pour cela que l'on t'a embauché il y a deux ans.
- Moi non plus, je n'ai pas de compte à te rendre ! Répliqua-t-il rageusement...

Ils continuèrent de déjeuner en silence, chacun plongé dans ses pensées. Au bout de quelques minutes cependant, Oliver demanda à sa collègue :
- Et toi, Diana ? Pourquoi tu ne m'as pas appelé samedi soir en rentrant ?

Elle sembla réfléchir un instant et lui avoua :
- Le père de Sam est un homme extraordinaire, il a une famille très attachante et quand je suis rentrée chez moi, eh bien, j'ai pris une douche, je me suis préparé une soupe minute et je me suis installée devant la télé. J'ai oublié... Je suis désolée Oliver, mais je t'ai complètement oublié !
- Et qui parle de tomber amoureux ?

En rejoignant son bureau, Oliver se sentait un peu pitoyable... Il avait réussi, le temps d'un repas, à tailler une brèche dans l'amitié et la confiance qu'il entretenait depuis deux ans avec Diana et à blesser une jeune fille qui ne lui avait, en fin de compte, rien fait !

La semaine commençait donc sous les meilleurs auspices ! Il s'assit à son bureau sous le regard goguenard de son ami et collègue Rolf Günther.
- Tu m'as l'air bien sombre, remarqua celui-ci, mauvais week-end ?
- Non, non, tout va bien : je viens de me mettre à dos les deux meilleures joueuses de l'équipe !
- Oh, elles s'en remettront. Tu n'as pas oublié notre pari, j'espère ?

- De quel pari parles-tu, demanda Oliver en levant les yeux ?
- Les stagiaires… tu sais… le premier qui s'en tape une se voit offrir une caisse de champagne, ricana Rolf en s'étirant paresseusement sur sa chaise.

Schrödinger se cramponna à son bureau pour ne pas lui envoyer son poing dans la figure !

La journée touchait à sa fin et Sam se sentit tout de suite plus légère en quittant l'entreprise. Elle courut pour attraper le bus qui la ramènerait à Kilchberg, se disant qu'une longue promenade avec Chivas lui changerait les idées et lui viderait certainement la tête.

Suivant des yeux par la fenêtre les bords du lac, elle réfléchissait aux conclusions que l'on pourrait tirer de son étude sur le rapport entre les patients - qu'elle avait déjà scrupuleusement répertoriés - leurs habitudes, leurs comportements et leur santé. Comment pouvait-on définir une bonne ou une mauvaise hygiène de vie ? Par la longévité des patients ? Si l'Alt-Züricher s'imaginait qu'à la suite de son rapport de stage, elle pourrait définir des conduites plus ou moins à risque afin de créer un nouveau système de couverture sociale, plus « personnalisé », elle se trompait lourdement…

Perdue dans ses pensées, elle rata son arrêt et dut revenir sur ses pas.

En montant l'escalier elle entendit le chien s'impatienter derrière la porte ; elle sourit, pensant qu'il avait autant besoin qu'elle de se dégourdir les jambes.

Le lendemain midi, Samantha était bien décidée à éviter les ennuis et, voyant Rolf, Oliver et Diana attablés ensemble, elle se dirigea résolument vers l'autre bout de la salle, leur tournant souverainement le dos ! C'est dommage, pensa-t-elle, car elle appréciait beaucoup la compagnie de Diana et de plus, elle devait lui transmettre un message urgent de la part de son père, message qu'elle avait complètement oublié la veille.

Elle attaquait gaillardement sa blanquette lorsqu'Oliver se présenta devant elle :

- Puis-je m'asseoir avec vous, Mademoiselle Ogilvie ?

- Je n'en sais rien, répondit la jeune fille peu encourageante. Il est culotté quand même ! S'indigna-t-elle.

- Je prendrais donc cela pour un… ni oui, ni non, dit-il en s'asseyant en face d'elle.

Schrödinger la regarda, hésitant, puis reprit le tutoiement habituel.

- Je voulais te présenter mes excuses pour hier Sam, je me suis conduit comme un imbécile.

- Ça tu peux le dire ! Ne put s'empêcher de répondre la jeune femme.

Oliver ne se laissa pas impressionner par sa réaction et continua malgré l'interruption :

- Ai-je une chance que mes excuses soient acceptées, Mademoiselle Ogilvie ?

Samantha leva les yeux vers lui, il lui souriait si... gentiment. C'était nouveau ça ! Un peu sur ses gardes, elle répondit :

- Si elles sont vraiment sincères je pense que je peux les accepter.

- Elles le sont, répliqua-t-il, à ma décharge je dois te dire que je me suis fait vraiment du souci pour vous

deux. Quand on joue en équipe on doit pouvoir faire confiance à ses partenaires, tenta-t-il de lui expliquer.
- Ah ? Parce que toi tu me fais confiance peut-être ? Le contra-t-elle... Tu appelles ça faire confiance quand tu me donnes sans arrêt des ordres sur le terrain... avance, attention au service ! Recule ! Non ! Pas celle-là, elle est pour moi !
Elle lui jeta un regard noir.
- Tu es comme mes frères, tu veux toujours me donner des leçons ! Et moi, moi, j'étais seulement malade ! Samantha en bafouillait presque de fureur.
Oliver, stupéfait par la violence de sa réaction, la regarda gravement.
- Je ne m'étais pas rendu compte que je t'avais blessée à ce point, parvint-il à répondre la voix légèrement voilée, et pourquoi tu ne m'as pas dit que cela n'allait pas ?
Samantha parut déstabilisée par sa remarque ; elle chercha à changer de sujet.
- Est-ce que tu parles à Diana comme à moi ? Voulut-elle savoir.
- Non... tu as raison, tu trouves que je respecte plus Diana que toi ?
- Ah ça, oui alors ! S'indigna-t-elle, tu me prends toujours pour une gamine... J'ai vingt-deux ans, figure- toi !
Oliver la regarda alors comme s'il la découvrait pour la première fois... Elle était extrêmement jolie, ses grands yeux noisette légèrement en amande lançaient des éclairs ; même en colère elle avait un charme fou, elle ressemblait plutôt à un elfe furibond ou à Lili la tigresse de Peter Pan... dangereusement attirante, trop belle... trop jeune... trop intelligente... et trop riche par-dessus le marché... bref, elle était

trop pour lui ! S'il baissait sa garde, il savait qu'il s'attacherait à elle. Il était vraiment temps qu'il quitte cette entreprise !

Dès leur première rencontre, ils avaient été attirés l'un vers l'autre et instinctivement ils avaient lutté tous les deux contre ce sentiment. Il se demanda si elle s'en rendait compte... non apparemment, puisqu'elle le comparait à ses frères.

- Samantha, reprit-il hésitant légèrement, puisque tu as atteint l'âge canonique de vingt-deux ans, et bien je vais te confier deux choses qui me paraissent importantes :
La première, je ne suis *pas* un de tes frères... et la seconde : je suis prêt à te faire confiance si toi aussi, tu me fais confiance et ne cherches pas perpétuellement à avoir le dessus. La relation que j'ai avec Diana, continua-t-il, est une relation d'amitié et non de concurrence. Alors, je suis prêt à prendre le risque à condition que tu assumes aussi ta part.

Samantha ne savait plus que penser, elle était frappée par l'analyse qu'il avait faite de la situation. Effectivement, il avait raison : ce qui caractérisait leur relation, c'était la concurrence. Pourquoi ? Elle n'en savait rien elle-même, mais inconsciemment, elle sentait qu'Oliver représentait un danger pour elle.

Celui-ci regardait les diverses expressions défiler sur son visage, le doute, la crainte, l'orgueil... Allait-elle prendre le risque d'une rencontre plus personnelle avec lui ? Elle jouait avec sa nourriture, ne sachant plus comment sortir de son dilemme.

Il lui tendit la main.

- Allez, tope-là si tu es d'accord pour un contrat de non-agression entre nous.

Samantha se redressa, le regarda droit dans les yeux et mit la main dans la sienne.
Instantanément Oliver sut qu'il était perdu ! Mais, à son grand soulagement, il remarqua qu'elle n'en menait pas plus large que lui...

- Alors ça y est ! Vous avez fait la paix ? Demanda Diana en s'asseyant à leur table. Bien, je suis ravie de constater que je vais pouvoir partir tranquille en vacances. Mon devoir de responsable des relations humaines s'arrête là, continua-t-elle en riant, rassurée. Mais vous savez, vous avez même le droit de vous sourire tous les deux. Ils éclatèrent de rire ensemble et cette fois-ci, ce fut Diana qui s'étonna :
- Oh, mais c'est vraiment incroyable, Julia a raison vous avez les yeux exactement de la même couleur...
- Ah, non ! Pas toi aussi !

Subitement, Samantha se rappela le message de son père :
- Oh, Diana, hier j'ai oublié de te donner le message de mon père. Voilà, lui dit-elle en lui tendant un papier ; il a déjà appelé l'ancien directeur général, Monsieur Günther, je crois, et il attend que tu te mettes en rapport avec lui, tiens, son numéro !
- Mais qu'est-ce que c'est que cette histoire ? S'immisça Schrödinger.
- Une histoire dont tu ne voulais pas entendre parler hier, mon cher... répliqua Diana.

Samantha haussa les épaules, signifiant à Oliver qu'elle n'était pas au courant.
- Mais moi, ce que je voudrais savoir maintenant, c'est...
- Si on joue en double, Oliver et moi contre les Hoffmann vendredi soir, lui suggéra Samantha ?

- Mais, ma parole Sam, tu es médium ? S'esclaffa sa compagne.
- Et tu n'as encore rien vu, ajouta Samantha en riant.

*

Penchée sur le hublot, Diana essayait de mettre un peu d'ordre dans ses pensées. Heureusement qu'elle quittait Zürich pour quelques jours, car une tension nouvelle montait inexorablement en elle. Elle avait trente-cinq ans et jusqu'à présent elle avait manœuvré sa barque sans faute.

Mais depuis sa rencontre avec la famille de Samantha elle avait compris qu'elle avait construit sa vie sur un vide… un manque… Jamais cette sensation d'avoir oublié de faire quelque chose ne l'avait effleurée.

Elle avait une profession qui la passionnait, des amis sur lesquels elle pouvait compter, la vie lui souriait… alors pourquoi se sentait-elle si seule ?

L'avion commença à rouler sur la piste, les passagers s'installaient confortablement en prévision de la durée du vol, ils s'interpellaient gaiement, à l'idée des vacances ou des fêtes de fin d'année à venir, seule Diana se demandait ce qu'elle faisait là ! Dans quelques heures, elle atterrirait à Toronto, sa famille l'accueillerait à sa sortie de l'avion… Tous contents de la revoir après six mois d'absence, mais… mais quoi ? Se demanda-t-elle. Sa vie était trop simple… trop lisse… Tout se trouvait à sa place sans qu'elle ait à faire le moindre effort…

Pourtant, elle n'avait pas l'impression de s'ennuyer, elle se regardait vivre sans avoir l'impression de participer vraiment.

Sa conversation d'hier après-midi avec Peter Ogilvie, l'avait perturbée plus qu'elle ne voulait bien l'admettre. Sous le regard inquisiteur d'Oliver, elle avait feint un air détaché, mais son employeur se posait les mêmes questions qu'elle : depuis des mois rien ne paraissait avancer dans la création de la nouvelle fondation, et pourtant ce n'était pas une question de moyens. Elle lui avait assuré que dès son retour, elle ferait tout son possible pour comprendre ce qui se passait, mais il n'était pas homme à attendre gentiment que les choses s'arrangent d'elles-mêmes et il lui avait demandé de lui envoyer tout ce qui concernait le sujet avant son départ, de façon à l'étudier tranquillement, afin de définir une stratégie à appliquer dès son retour du Canada.

L'avion fit le point fixe puis commença à rouler de plus en plus vite, Diana calcula mentalement quelle heure il était à Toronto et décida de laisser ses soucis sur la piste…

*
* *
*

Chapitre IV

La partie avec les Hoffmann avait enchanté Samantha et son partenariat avec Oliver avait parfaitement fonctionné. Ils avaient réussi à jouer ensemble comme s'ils faisaient cela depuis des années, à tel point que Werner Hoffmann avait reproché à Oliver de lui avoir caché une si jolie partenaire et s'adressant à Sam, il lui dit avec un clin d'œil :
- Schrödinger semble très soucieux du bien-être de sa partenaire, c'est tout à fait nouveau, ça.
- Que voulez-vous dire ? Lui demanda la jeune femme.

Se retournant pour vérifier qu'il ne pouvait être entendu des deux autres, il ajouta :
- Je pense simplement que notre cher Oliver a enfin trouvé chaussure à son pied !

Le cœur de Sam rata un battement et elle répondit :
- C'est aussi la première fois que notre… association marche aussi bien !
- Bientôt vous allez nous remercier d'avoir perdu avec tant d'élégance, non ! Vous avez vraiment joué comme des dieux !

Sa femme s'approcha d'eux en souriant :
- Que complotez-vous tous les deux ?
- Oh, je disais juste à Mademoiselle Ogilvie qu'elle formait une équipe fabuleuse avec Oliver.

Schrödinger s'approcha à son tour apparemment satisfait de la tournure prise par les évènements.

- Tu nous offres un verre pour fêter notre victoire ou tu essaies de corrompre ma partenaire ? Demanda-t-il à Werner.
- Ni l'un ni l'autre, répliqua celui-ci en riant, pour le verre, ce sera pour la prochaine fois, nous devons rentrer ; Sabine ne doit pas trop se fatiguer, n'est-ce pas ma chérie ? Ajouta-t-il, entourant du bras les épaules de son épouse.
- En voilà une bonne excuse ! Répliqua celle-ci.
- Samantha, poursuivit-elle en lui tendant la main, j'ai été ravie de faire votre connaissance. J'espère que nous aurons l'occasion de refaire quelques parties ensemble ; Diana nous avait prévenus que vous formiez un duo explosif !

Les deux hommes se serrèrent la main, Oliver embrassa Sabine puis, se tournant vers sa compagne, lui demanda :
- Aurais-tu envie d'aller dîner quelque part ?
- Ce serait avec plaisir, mais je dois d'abord rentrer, car mon chien attend sa promenade du soir, répondit-elle, bizarrement déçue d'avoir à refuser son invitation.
- Eh bien, je te raccompagne, cela te fera gagner du temps.

Ils quittèrent la salle, Oliver ouvrit la porte devant elle et, posant la main au creux de ses reins, la guida vers le parking.

Samantha tressaillit mais ne se déroba pas...
- Si tu n'es pas trop pressé, nous pouvons peut-être nous promener ensemble et, c'est moi qui t'invite à la maison : j'ai du poulet froid, de la salade et même du dessert...

- C'est une offre que je ne peux pas refuser, lui sourit-il en retour. Tu sais Sammie, moi aussi je trouve que nous avons vraiment bien joué ce soir.

Elle fut troublée de l'entendre l'appeler ainsi, et sentant qu'il allait ajouter quelque chose qui la troublerait, Samantha reprit vivement :
- Les Hoffmann sont vraiment un couple formidable ; j'ai entendu Diana et mon père dire que c'est Werner qui devait remplacer l'ancien directeur... pourquoi cela n'a-t-il pas eu lieu ?
- Parce qu'il y a des gens dans cette entreprise qui veulent prendre le pouvoir par tous les moyens ! Lui répliqua-t-il un peu sèchement.

Samantha réfléchit à sa réponse ; connaissant son père, elle se doutait que l'affaire n'en resterait pas là. Mais pour l'instant, elle avait simplement envie de passer une soirée décontractée avec son ancien adversaire.

Dix minutes plus tard, Schrödinger se garait devant l'immeuble.
En sortant de la voiture, ils furent accueillis par deux chiens qui jappaient à qui mieux mieux.
- Oh ! Monsieur Friedrich, vous êtes déjà rentré de chez vos enfants ?
- Oui, Mademoiselle Samantha, j'en ai profité pour sortir les deux agités. Avec les parties qu'ils ont faites, je pense que l'on aura la paix jusqu'à demain.

Samantha présenta son compagnon à Ernst Friedrich, les deux hommes se saluèrent, puis Oliver se tourna vers la jeune femme :
- Alors je suis privé de poulet et de dessert ?
Elle éclata de rire et lui fit signe d'entrer dans l'immeuble à sa suite.

- Non, la proposition tient toujours, à la place de la promenade tu auras droit à la douche que tu n'as pas pu prendre à cause de moi…

Les deux petits immeubles que monsieur Friedrich avait fait construire il y a cinq ans, avaient beaucoup de charme. Situés tous les deux sur les bords du lac et légèrement décalés l'un par rapport à l'autre sur le flanc de la colline, ils offraient une vue imprenable.

Le plus grand comprenait quatre appartements, mais celui où résidaient Sam et son propriétaire n'en comportait que trois ; ceux du rez-de-chaussée étaient sur deux niveaux et celui qu'elle occupait au premier étage donnait sur un grand balcon commun aux trois et possédait une chambre en mezzanine.

Elle était très fière de son appartement, cela la changeait radicalement de la petite chambre du *Balliol College* qu'elle partageait avec sa cousine.

Oliver regardait autour de lui d'un air appréciateur :
- Et bien, Mademoiselle a beaucoup de chance de vivre dans un si bel endroit, la vue est magnifique ; comment as-tu fait pour le trouver ?
- Mon père et monsieur Friedrich ont étudié et travaillé ensemble, il y a plusieurs années. Voyant son regard interrogateur, elle poursuivit :
- Oui, ils possédaient des plantations en Inde, mais madame Friedrich est décédée dans un accident et son mari ne s'en est jamais remis ; alors il est rentré en Suisse où il avait une grande villa de l'autre côté du lac et lorsque ses enfants sont devenus adultes, il l'a vendue à mon père et fait construire ces deux chalets.
- Et… tu payes combien de loyer, si ce n'est pas indiscret ? Lui demanda Schrödinger après avoir fait le tour du propriétaire.

- C'est bien ça le problème… il ne veut rien accepter sous prétexte que mon père et mon frère Hayden, lui ont rendu service autrefois, alors je mets l'argent sur un compte d'épargne.
- Mais tu es une fille sacrément organisée, dis donc !
- Oh, ne te moque pas… C'est une idée de mon cher propriétaire, je crois que je n'y aurais jamais pensé toute seule.

Oliver lui sourit et s'approcha de la table haute qui délimitait le coin cuisine. Il la regardait préparer la salade, sortir le poulet du réfrigérateur sous l'œil intéressé du chien. Tous ses gestes étaient gracieux, paisibles, ses cheveux blonds glissaient sur son visage et tout à coup, il eut envie de les toucher… de la prendre dans ses bras ; il s'assit sur l'un des tabourets et la contempla en silence, la tête entre les mains… Qu'était-il en train de faire ? Il aurait dû seulement la raccompagner et surtout ne pas monter avec elle !

Samantha leva les yeux et l'observa :
- Cela ne va pas ? Tu as l'air bizarre…

Schrödinger essaya vainement de trouver un sujet de conversation banal, mais son cerveau, ou plutôt ce qu'il en restait, refusait obstinément de coopérer. Et soudain il lui demanda :
- Est-ce que tu as déjà invité Rolf ici ?
- Non, pourquoi me demandes tu cela ?

Parce que je suis affreusement jaloux, pensa-t-il, mais il répondit :
- Parce que vous êtes voisins et je pensais...
- La seule personne que j'ai invitée ici, c'est Diana. Nous avons dîné ensemble plusieurs fois.
- Sammie…

Elle tressaillit au son de sa voix.

- Cela te gêne que je t'appelle Sammie ?
- Non, pas du tout, c'est juste…
Elle hésita avant de poursuivre :
- Je ne suis pas habituée, c'est plutôt ma famille qui m'appelle comme cela.
Oliver la regarda la gorge nouée. Il reprit d'une voix légèrement rauque :
- Tu n'as pas envie que nous devenions plus proches tous les deux ?
Samantha s'arrêta brièvement de respirer, plongée dans la contemplation de ses mains, elle leva lentement les yeux vers lui.
- Si, mais… j'ai peur… je ne sais pas quoi faire.
Oliver descendit du tabouret, contourna la table et s'approcha d'elle.
Lorsqu'il tendit la main vers elle, il entendit un grognement.
Samantha caressa la tête du chien :
- Ce n'est rien, Chivas, il ne me veut pas de mal.
Oliver posa sa main sur celle de Sam pour rassurer le chien qui se calma. Puis il la prit par la taille, il la sentit frissonner, mais elle ne bougea pas :
- N'aie pas peur, mon cœur, nous ne ferons rien dont tu n'aies pas envie…
Il se pencha pour l'embrasser dans le cou et brusquement le chien sauta sur eux en jappant.
- Ma parole, mais tu es jaloux mon vieux, lui dit Schrödinger, je sais que c'est ta maîtresse mais tu peux peut-être me la prêter un peu, non ?
Il pensa qu'il lui faudrait très certainement et rapidement une douche extra froide pour préserver un semblant de dignité !

*

Lorsque le lendemain matin, Oliver reprit sa voiture sur le parking, il posa la tête sur le volant :
Mais qu'est-ce que j'ai fait ? Se demanda-t-il, qu'avons-nous fait tous les deux... Bon sang, à vingt-huit ans passés, je me conduis encore comme un gamin !

Il venait tout juste de quitter Samantha, auprès de qui il s'était endormi la veille, comme un chaton repu, sans la moindre mauvaise conscience...

Après avoir bu leur café ensemble, ils s'étaient donné rendez-vous pour ce midi.

Tout ce que je ne voulais en aucun cas, pensa-t-il, eh bien, je l'ai fait ! Il avait délibérément séduit la fille de son employeur ; pour quelqu'un qui avait compris depuis des années que c'était le plus mauvais plan de carrière que l'on puisse imaginer - et cela, même si l'on était sur le point de quitter l'entreprise - c'était vraiment l'apothéose de l'imbécilité...

Ils s'étaient donnés l'un à l'autre passionnément et maintenant il se sentait complètement perdu !

Pourquoi, tout ce qui s'était passé entre eux, lui semblait aussi... définitif ? Un sentiment de pure panique le submergea.

Hier soir déjà, Samantha lui avait demandé :
- Tu savais, toi, que cela allait se passer comme ça ?
Il lui avait alors répondu :
- Non, je ne le savais pas, mais j'en avais peur, parce que je crois que je t'ai toujours désirée, Sammie...

Au cours de la nuit - dans un éclair de lucidité - il s'était écrié :
- Samantha, nous pouvons encore tout arrêter... Après ce sera trop tard !

Elle lui avait alors répondu:
- Oliver, je voudrais tellement que ce soit toi !
Toutes ses bonnes intentions furent balayées instantanément et il s'entendit lui avouer :
- Sammie, je… je crois que je voudrais faire de toi ma femme...
- Et comme cela, on ne sera plus jamais seuls tous les deux ?
Malgré le flot de ses émotions, il avait été un peu surpris par sa question. Elle venait d'une famille nombreuse, unie - à l'inverse de la sienne - alors pourquoi cette question ?
La seule chose dont il était certain ce matin, c'était que jamais, il ne pourrait la laisser partir… Il ferait tout pour la garder et dormir dans son lit tous les soirs de sa vie !
Et démarrant enfin, il se dit qu'il allait maintenant devoir vivre avec cette certitude.

Il effectua le trajet jusqu'à chez lui dans un état second et, remontant la *Bahnhofstrasse*[5] pour rejoindre son appartement, il passa devant une bijouterie ; mu par une impulsion, il entra et demanda à la personne qui l'accueillit, ce qu'elle avait à lui proposer comme colliers.
Son choix s'arrêta sur une simple parure… de rubis !
- C'est une pièce magnifique, n'est-ce pas ? Lui fit remarquer la vendeuse, c'est un montage à l'ancienne : rubis sur or bruni, à la façon des colliers

---

[5] *Rue de la Gare, rue commerçante de Zürich.*

de grenats montés sur bronze que l'on trouvait en Bohême.
- Je le prends ! Annonça-t-il.
- C'est pour un événement particulier ? Voulut-elle savoir.
- Oui, c'est pour une première fois, répondit-il en hésitant légèrement.
- Oh, elle a bien de la chance...
- Pouvez-vous me faire quelque chose de sobre pour le présenter ?
- Oui, bien sûr, je crois que j'ai une idée... Elle partit dans l'arrière-boutique et revint avec une petite boîte ovale, un lys martagon était peint sur le couvercle. Qu'en pensez-vous ? Demanda-t-elle.
- C'est parfait, merci, lui répondit-il en souriant.

La dernière fois qu'il avait offert un collier à une femme, pensa-t-il, c'était pour le mariage de sa sœur et pourtant, il n'avait pas voulu y assister. La pensée de revoir sa mère et son beau-père le mettait toujours autant hors de lui ! Il savait la peine qu'il avait faite à Margaret mais cela lui était impossible. Il était très content qu'elle ait enfin trouvé quelqu'un qui lui plaise, mais l'idée de revoir sa soi-disant famille lui était intolérable... Sur ces sombres pensées, il gravit quatre à quatre l'escalier qui montait chez lui.

*

Après avoir longuement hésité sur la tenue qu'elle allait porter pour leur rendez-vous, Samantha se mit en route vers la *Casa Rosa*. Elle se sentait différente... Non, elle était différente ! Elle se sentait anormalement calme ; ça, c'était plutôt bien mais qu'est-ce qui allait se passer maintenant ? Ne trouvant aucune réponse qui lui convenait, elle se plongea dans la contemplation de l'horaire des bus.

Elle avait appréhendé la réaction d'Oliver lorsqu'il avait découvert son anneau... Qu'allait-il penser ?
- Mais qu'est-ce que c'est que cela ? Lui avait-il demandé en le tournant délicatement entre ses doigts.
Sam avait alors expliqué cette ancienne tradition qui perdurait depuis plusieurs siècles dans sa famille. Les Ecossais étaient si misérables à une époque qu'ils en étaient réduits à aller voler leurs femmes chez les Anglais pour que les clans ne disparaissent pas à la suite de leurs incessantes querelles. Puis, dans la hantise qu'elles soient de nouveau kidnappées par les clans adverses, ils leur posaient un anneau qui les reliaient pour toujours à une famille particulière ; cette tradition était devenue au fil du temps le signe du passage à l'âge adulte...
Oliver avait trouvé cette coutume un peu étrange pour ne pas dire barbare, mais pour tout commentaire il avait conclu :
- Je comprends maintenant ton aversion pour les douches communes... Moi par contre, je trouve cela très érotique.

Le soleil de novembre réchauffait timidement la terrasse de la *trattoria* et avec un peu de chance, on pourrait presque manger dehors. Sam connaissait bien cet endroit, elle y venait parfois avec sa famille lorsqu'ils avaient quelque chose de particulier à fêter.
Avec un petit pincement au cœur, elle s'aperçut qu'elle était déjà attendue. Elle n'avait aucune idée comment se comporter dans ce genre de situation ; sa

vie ayant été organisée depuis son plus jeune âge, elle ne savait pas encore comment gérer cette nouvelle liberté.

Oliver se leva à son approche, lui tendit les bras dans lesquels elle se jeta sans plus réfléchir.

Ils s'assirent à une table face au lac et le serveur s'approcha, l'air inquiet :
- Voulez-vous vraiment rester dehors ?
- Peut-être pas pour déjeuner, répondit Oliver mais nous avons quelque chose à fêter d'abord...
- Oh, et bien qu'aimeriez-vous pour commencer ?
S'enquit le garçon qui venait de reconnaître Samantha.
Oliver se tourna vers sa compagne et demanda :
- Un verre de champagne, peut-être ?
- Oh, avec joie répondit-elle en souriant.
Le serveur s'éloigna et Schrödinger lui tendit un petit paquet. Elle le regarda d'un air interrogateur.
- Je veux te montrer à quel point je suis attaché à toi, Sammie...
La gorge nouée, elle ouvrit la boîte.
- Mais il est magnifique, s'écria-t-elle... Tu crois vraiment que je mérite un tel cadeau ?
- Je ne le crois pas, j'en suis sûr, ma chérie, veux-tu que je t'aide à le mettre ?
Il se leva pour lui attacher le collier, Samantha se sentait merveilleusement heureuse. Il se pencha pour l'embrasser sur l'oreille en lui disant :
- Voilà ma princesse, c'est pour le cadeau que tu m'as fait.
Samantha avait les larmes aux yeux :
- Pourquoi je t'aime tellement ? Lui demanda-t-elle.

Avant qu'il n'ait eu le temps de lui répondre, le patron s'avança avec leur commande :

- Mademoiselle Ogilvie, Gianni m'a annoncé votre présence. Quelle joie de vous revoir !

Déposant leurs verres - accompagnés de quelques *antipasti* - avec empressement devant eux, le propriétaire de l'établissement poursuivit :

- La semaine dernière, vos parents m'ont raconté que vous aviez un match de tennis... Un match ?... Le jour de son anniversaire ? Permettez-moi de vous offrir au moins le gâteau.

Samantha lui sourit et lui présenta son compagnon.

- Ah, Docteur Schrödinger, vous êtes déjà venu vous aussi, mais c'était bien moins mouvementé que la famille de Mademoiselle, poursuivit-il en fronçant les sourcils.

- Pour le gâteau, intervint Sam, je préfèrerais m'abstenir... Nous n'avons pas encore complètement digéré celui des jumelles !

- Eh bien, dans ce cas, laissez-vous surprendre... lui répondit-il avec un sourire mystérieux.

*
* *

Chapitre V

L'ombre des grands arbres du parc s'allongeait et Danaëlle frissonna…
- Eh, les garçons, rentrez maintenant ! Arthur, fais attention, tu sais bien que l'humidité n'est pas bonne pour ta voix !
- Nous arrivons tout de suite, Mère, s'écria le plus jeune, je tire une dernière flèche !

Danaëlle s'attarda à observer ses fils : ils ressemblaient tous les deux autant à leur père qu'à leur oncle.

Si l'aîné avait hérité des cheveux châtain clair et du regard bleu de François, le cadet, Bénédict, à la surprise générale, avait les cheveux blonds de son père et un œil bleu, de sa mère et l'autre vert, de son père.

Ce regard vairon semblait toujours déstabiliser son entourage, ce dont le garçon savait profiter à merveille.

Ils étaient grands aussi pour leur âge. Elle se rappela les questions qu'elle s'était toujours posées, enfant, sur la différence de morphologie entre ses frères ; son jumeau François, était mince et élancé tandis que Loïc était petit et trapu. Elle se remémora les disputes incessantes entre eux… Jamais ils ne s'étaient compris et la disparition en mer de leur aîné avait causé une blessure profonde et longtemps douloureuse chez son jumeau.

Elle fut interrompue dans ses pensées par l'arrivée de Finch-Hatton sortant sur la terrasse…

- Que Madame la Duchesse veuille bien m'excuser, mais Mademoiselle Samantha vient d'arriver et elle est montée directement dans sa chambre. Elle n'a pas l'air d'aller bien…
 - Samantha ? Mais elle devrait être à Zürich ! Bien, Monsieur Finch-Hatton, pouvez-vous surveiller les garçons ? Ils ne doivent pas tarder à rentrer ; je vais voir ma belle-fille.
Soucieuse, Danaëlle abandonna le jardin et rentra hâtivement dans le salon, oubliant le thé qui venait d'être servi.

Depuis quelques années, elle ne se faisait plus vraiment de soucis pour Samantha.
Au début de son mariage avec lord Peter, elle avait trouvé la petite fille très repliée, recroquevillée sur elle-même, elle semblait vouloir porter tout le poids du monde sur ses frêles épaules. Puis, leur passion commune pour la lecture et les chevauchées débridées dans la lande de Skye les avaient tout de suite rapprochées. Samantha s'était enfin trouvé une alliée face à sa grand-mère qui l'aimait tendrement mais avait décidé de faire de la petite sauvageonne une lady…
La naissance rapide de son premier demi-frère avait complètement transformé la « petite » en lui conférant le statut d'aînée.

La duchesse attaqua l'escalier de façon fort peu protocolaire et - sans égard pour sa dignité - frappa haletante, quelques secondes plus tard, à la porte de sa belle-fille.
 - Sammie, monsieur Finch-Hatton vient de me dire que tu étais rentrée… je peux te parler ?

A travers la porte elle entendit Chivas Regal japper puis, la voix lointaine de la jeune fille :
- Je n'ai pas envie de parler maintenant. Demain je pars pour Skye, j'ai besoin de quelques jours pour réfléchir.
Danaëlle songea rapidement aux mots qu'elle devait prononcer afin de ne pas la brusquer.
- Samantha, tu sais qu'en l'absence de ton père je m'efforce toujours de savoir comment vous allez tous, et là... Monsieur Finch-Hatton m'a semblé inquiet à ton sujet.
- Père ne rentre pas ce soir ?
- Non, il ne sera là que demain et avant ton départ pour Skye, j'aimerais que nous parlions un peu toutes les deux. Arthur et Bénédict sont là et les filles rentreront dans la soirée. Veux-tu que je te fasse monter du thé ?
- Non merci, donnez-moi quelques minutes et je vous rejoins en bas.
- Eh bien d'accord, à tout de suite.
Danaëlle se sentit un peu rassurée, le contact n'était pas interrompu. Elle avait toujours appréhendé ce stage en entreprise pour lequel son époux s'était montré si intransigeant ; Samantha n'avait jamais supporté la moindre atteinte à ce qu'elle estimait être sa liberté. De plus, elle avait eu - depuis toujours - une prédilection pour la fugue...
La jeune femme rejoignit bientôt le salon où le thé était servi. La joyeuse compagnie de ses deux frères cadets lui rendit le sourire.
Arthur lui annonça solennellement :
- Sammie, dans trois semaines nous accueillons la maîtrise de Saint Petersbourg... et nous donnerons un concert à Notre-Dame de Paris !

- Mais c'est formidable, j'espère que je pourrais venir vous écouter ; cela va faire au moins deux ans que je ne t'ai pas entendu en concert, s'exclama sa sœur.
- Je commence à avoir de plus en plus de problèmes pour tenir ma voix ; je vais bientôt avoir quatorze ans, alors c'est un peu normal, la plupart de mes copains ont déjà mué.
- Comme ça, tu pourras faire partie de la chorale des crapauds, ajouta malicieusement son cadet, en se penchant rapidement pour éviter un projectile éventuel.
- Bénédict commence vraiment tôt avec l'âge bête, j'espère seulement que cela durera moins longtemps, dans notre intérêt à tous…
Danaëlle s'interposa entre ses deux fils en leur demandant naïvement, s'ils n'avaient pas… quelques exercices en retard !
- Mais, nous venons à peine de reprendre à Sainte Marie, Mère, s'offusqua le benjamin…
Samantha les regarda tous les deux en riant et joua la grande sœur indignée :
- Vous ne vous rendez pas compte à quel point vous avez de la chance d'être encore au lycée : plus on vieillit, et moins c'est drôle.

Le thé, ou plutôt le goûter, selon la tradition française, se termina somme toute dans la bonne humeur et les garçons regagnèrent leurs chambres respectives pour - affirmèrent-ils - vérifier leurs emplois du temps…
Danaëlle, sentant le trouble de Samantha, lui proposa une petite promenade entre filles :

- Le parc est une vraie splendeur en ce moment, profitons de ces quelques moments d'intimité, Ladylein.

Samantha sourit en entendant le surnom que sa belle-mère lui avait donné il y a déjà si longtemps... du temps de leur deuxième ou peut-être troisième traversée des « Chroniques de Narnia », l'histoire préférée de la fillette au début de leur rencontre.

Elle se détendit face à l'attention et à la compréhension sans cesse renouvelées que la seconde femme de son père lui avait toujours témoignées ; la seule mère que Samantha ait jamais connue...

- Comme c'est dommage que nous ne puissions pas galoper ensemble dans la lande !
- C'est aussi grave que cela, Sammie chérie ?

La jeune femme se leva rapidement :
- Je vais chercher mon manteau.

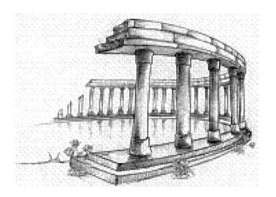

Bras dessus bras dessous, elles longèrent l'arc antique du bassin, le long duquel les roses tardives faisaient des efforts méritoires pour faire oublier l'approche feutrée de l'automne.

Un petit vent aigrelet s'était installé avec la nuit tombante et malgré leurs manteaux elles frissonnaient.
- Ton père n'a jamais aimé se sentir enfermé en ville, lui raconta Danaëlle, comme tout bon gentilhomme écossais, du reste. Je lui suis profondément reconnaissante d'avoir choisi Paris pour demeure, c'était... c'est toujours, le meilleur compromis entre la Bretagne et les Highlands, du moins pour l'instant !
Et bien... confie-moi ce qui te tracasse à ce point, Sammie chérie.
La jeune femme tourna alors, vers elle, un regard embué de larmes prêtes à jaillir qui serra le cœur de la duchesse.
- J'ai... j'ai rencontré un homme à Zürich. Vous savez, Diana avait parlé de lui lors de mon anniversaire...
- Ah, le sympathique capitaine de votre équipe de tennis ? Eh bien, que s'est-il passé avec lui, Ladylein ?
Respirant à plein poumons pour se donner du courage, Samantha raconta à sa belle-mère son aventure avec Oliver et sa pitoyable découverte.

Ce midi, à l'issue de leur week-end en amoureux, ils devaient se retrouver à la cantine de l'entreprise pour le déjeuner. Oliver et Rolf étaient déjà installés et, lorsqu'elle s'approcha, elle entendit leur conversation :
« D'accord, alors c'est moi qui te dois la caisse de champagne... mais franchement, je n'aurais jamais cru que la gamine se laisse séduire aussi facilement... et, c'était comment ? Oh, attention, la voilà ! S'exclama Rolf, un léger sourire aux lèvres ».

Samantha était restée pétrifiée, un voile noir devant les yeux : elle avait fait demi-tour précipitamment et s'était enfuie.

Elle avait vaguement enregistré qu'Oliver s'était retourné, puis levé.

Danaëlle était offusquée, elle s'était raidie dès que Sam avait prononcé le nom de l'ami d'Oliver. Ce Rolf ne lui avait jamais plu, il lui avait toujours paru intéressé, opportuniste. Elle serra sa belle-fille contre elle si fort qu'elle eut peur de lui faire mal.

- Oh ma pauvre chérie, certains hommes se conduisent vraiment comme des sal… abrutis ! Se reprit-elle. Comment ton père pouvait-il tenir tant à t'envoyer dans cette entreprise ?

Samantha se sentit un peu rassurée par la réaction de sa belle-mère, elle ne l'avait encore jamais vue dans cet état ; elle continua son douloureux récit.

Oliver m'a rejointe dans le couloir… Il m'a dit que je me trompais complètement et qu'il fallait que l'on se parle.

- Eh bien voyons, bien sûr… une jeune et jolie héritière… quelle proie facile… ne put s'empêcher d'ajouter la duchesse.

- Il voulait absolument que l'on en discute ce soir, à l'appartement, poursuivit la jeune femme ; il ne voulait pas que l'on nous voie ensemble nous disputer dans les bureaux.

Là, il n'avait peut-être pas tort, pensa Danaëlle mais le mal était fait… Elle écouta Samantha continuer son récit entre deux hoquets :

- Je suis rentrée, j'ai fait ma valise et j'ai demandé à monsieur Friedrich s'il pouvait nous accompagner, Chivas et moi, à l'aéroport…Je lui ai menti…

J'ai dit que l'on avait besoin de moi ici et que je devais prendre le vol de treize heures trente !
- Tu as bien fait, répliqua Danaëlle, j'aurais agi de la même façon !
Lorsque je travaillais, tu me diras cela n'a duré qu'un mois, ces messieurs de l'imprimerie étaient très respectueux, ils m'appelaient *la nouvelle miss*...
- Tu as pourtant épousé ton employeur, non ? S'exclama Sam, passant sans vraiment s'en rendre compte au tutoiement.
- Le remplaçant de mon employeur... mais ton père m'a fait une cour qui m'a paru durer une éternité ! Il était plein de principes ; je crois que c'est surtout la différence d'âge qui le retenait. Par contre, il ne voulait pas me laisser seule à Paris lorsqu'il rentrait vous voir le week-end et les employés ont rapidement compris que j'étais : *chasse gardée*...
Samantha éclata de rire :
- Tu ne m'avais jamais raconté cela...
- Tu avais sept ans à l'époque et moi je me suis retrouvée dans une demeure qui faisait dix fois la pension de mes parents sur Belle-Île, dans une famille de la haute aristocratie... moi ! La petite lectrice arrivant tout droit de sa Bretagne natale !
Samantha se serra contre Danaëlle :
- Merci, lui dit-elle, tu ne m'as pas dit que je m'étais conduite comme une idiote...
- Non, tu as fait ce qu'il fallait et tu as eu raison de venir ici, demain tu partiras pour Skye, là tu réfléchiras calmement à la suite des événements.
- Mais que va dire Père ? Je suis sûre qu'il va m'obliger à finir ce stupide stage...
- Dans ce cas, je pense qu'il s'occupera personnellement de ces deux libertins en goguette !

Elles éclatèrent de rire et ensemble prirent le chemin de la maison, savourant les « Illusions » du parc au clair de lune.

*

Depuis une bonne heure, les deux hommes suivaient du regard la petite silhouette dans le lointain. Elle se découpait sur la lande brune grâce au tartan bleu et vert des Ogilvie.

Samantha marchait d'un bon pas, ignorant la fatigue et jouant avec Chivas à lui lancer un bâton. Ce qu'elle allait passer à Finnigan pour lui avoir subtilisé sa jument !

Elle avait eu l'intention de continuer son périple vers Harris, mais le mauvais temps l'en avait empêchée. Faisant demi-tour, elle s'était aperçue que Vénus avait disparu ; elle ne s'était guère inquiétée, car elle se savait suivie. Finnigan n'avait pas cru un mot de son histoire de quelques jours de repos ! Il avait même très certainement téléphoné à son père pour savoir ce qui se passait.

Bon… elle devrait absolument le joindre dès son retour à Dunvegan, sinon l'affaire promettait de devenir impossible à gérer et elle avait surtout besoin de calme pour réfléchir… mais réfléchir à quoi ?

Vu d'ici, elle s'était comportée comme une idiote, ne donnant pas une seule chance à Oliver de se justifier ! Il avait dû l'attendre longtemps devant le studio. Peut-être même qu'il avait cherché à savoir, par monsieur Friedrich, où elle était partie…

Le lui avait-il dit ?

Samantha secoua la tête, furieuse que ses pensées la ramènent encore et toujours vers lui !

Il s'imaginait peut-être qu'elle faisait partie des faibles femmes qui se laissent raconter n'importe quoi ! De colère, elle gifla de son bâton une pauvre touffe de genêt qui ne méritait certainement pas un tel sort !

Bien que l'automne eût déjà pris ses quartiers, le paysage était magnifique… jamais elle ne s'en lasserait. Malgré le froid mordant, Samantha avait chaud au cœur de se sentir ainsi noyée dans une telle immensité de collines, de rochers, de cours d'eau.

Les courlis et les mouettes hurlaient leur mécontentement d'être dérangés sans cesse dans leurs ébats par ce chien qui les empêchait de se poser où ils le désiraient. Chivas Regal en jappait de contentement, essayant de les rattraper et soudain… Il s'arrêta net, le nez au vent ! Sam regarda dans la même direction et crut voir deux silhouettes au sommet de la plus lointaine des collines.

Finnigan suivit le regard de son maitre et dit :
- Elle est belle, notre petite dame... J'ai bien fait de lui prendre sa jument, sinon on ne l'aurait pas retrouvée de sitôt. Je crois que vous avez eu raison, Votre Grâce, de m'écouter et de ne pas courir trop vite vers elle, cela lui fait du bien de marcher ainsi, elle sera plus calme.

Dunvegan sourit de la familiarité de son régisseur envers sa fille. Quel âge avait-il déjà quand il l'avait portée, nouveau-née... treize ans ? Quatorze ans ? Il était à son service depuis peu car son père, un bon à rien notoire, s'en était débarrassé.

Les palefreniers avaient trouvé le jeune garçon dormant dans les écuries, abruti de faim et de fatigue.

Ogilvie se souvenait aussi de lui, effondré, face à tant de douleurs... Ils avaient marché des heures entières dans le froid et la neige, lui, portant le corps sans vie de sa femme et Finnigan, en larmes, les deux petites... Isaac, le fils aîné du pasteur Brodie avec le vieux Chivas exténué sur les épaules et son père fermant la marche en claudiquant... Lord Peter se le remémorait comme si c'était hier ; quelle chance il avait eu d'avoir retrouvé la chaleur d'une femme après tout ce temps, tout ce froid...

Interrompant le cours de ses pensées, il questionna son régisseur :
- Vous n'avez jamais éprouvé le besoin de vous marier, Finnigan ?
- Oh, moi ? Votre Grâce, je préfère toujours avoir plusieurs fers au feu...

Dunvegan le regarda, suspicieux...
- Vous pouvez honorer plusieurs femmes sans que cela vous pose de problème de conscience ?

- Monsieur, je ne fais que suivre la devise de votre maison - *Dignité et Simplicité* - et tout le monde y trouve son compte !

Ogilvie renonça avec un soupir, à comprendre les raisons qui motivaient son régisseur, l'erreur venait peut-être de lui, après tout.

Il était très exigeant - trop peut-être - et ne pouvait se contenter de rapports superficiels avec une femme mais il se demanda également si Finnigan savait ce que signifiait être amoureux...

*

Danaëlle avait pressenti l'angoisse de son époux lorsqu'elle lui avait raconté la fuite de Sammie.

Il avait à peine pris le temps de se changer après son voyage et immédiatement demandé à Finch-Hatton de faire préparer un plan de vol pour Skye.

Samantha pouvait maintenant reconnaître les deux silhouettes : Finnigan bien sûr, et - à n'en pas douter - son père. Chivas en jappait de plaisir, il regarda sa jeune maîtresse, ses yeux implorant la permission de courir à leur rencontre.
- Alors, toi aussi tu me laisses tomber ? D'accord, vas-y ! Lui accorda-t-elle.

Les deux cavaliers descendirent lentement la colline ; ils retenaient leurs montures risquant de déraper entre les pierres du simple sentier serpentant parmi les buissons de genêts.

Quelques instants plus tard, Ogilvie tendait la main à sa fille qui s'approchait, elle l'attrapa et se jucha sur l'étalon de son père. L'installant devant lui, il chuchota à son oreille :

- Ma fille, j'ai appris qu'un homme vous avait honorée ?
- Oui, père !
- A-t-il été doux avec vous ? Avez-vous été courageuse ?
- Oui, père !
- Alors, dites-moi, pourquoi l'avez-vous abandonné ?
- Père, j'ai été l'enjeu d'un abominable pari... entre Rolf et Oliver...

Samantha se sentit obligée de tout lui raconter. Heureusement qu'elle lui tournait le dos, elle avait tellement honte de s'être fait avoir de cette façon.
- Mumm, vous devriez plutôt être flattée d'être l'objet d'une telle attention !
- Mais... Père ?
- Ma fille, depuis l'aube de l'humanité les hommes passent leur vie à faire des choses stupides et croyez-moi, un tel pari n'est vraiment pas la pire ! Auriez-vous préféré que Rolf l'emporte ?
- Cela, jamais !

Lord Peter émit un petit rire qui acheva d'énerver sa fille ; il la serra plus fort contre lui, mais... il la sentit se dérober. Tiens, remarqua-t-il, elle ne m'appartient plus.

Ils prirent le chemin du retour. Enivrés par le léger vent d'Ouest chargé d'embruns qui agitait leurs crinières, les chevaux encensaient face au soleil couchant et la lande flamboyait sous leurs pas.

Bientôt la pluie, pensa Sammie, ou la neige de novembre. A l'image son père, elle était profondément attachée à son île, aux Highlands éternellement tourmentés par les éléments.

Chapitre VI

Oliver contemplait les façades devant lui, encore un coin pour les pauvres pesta-t-il, cherchant dans la rue Murillo, le numéro que lui avait indiqué monsieur Friedrich.

Il n'avait vraiment rien à faire avec cette famille !

Originaire d'une famille d'universitaires et de chercheurs, il avait beaucoup de mal à admettre que l'on puisse être simplement quelqu'un, par naissance, sans avoir besoin de faire ses preuves : juste parce que l'on était « né avec une petite cuillère en argent dans la bouche », comme disait sa grand-mère.

L'esprit en déroute, le cœur battant la chamade, il traversa la rue. La grille était ouverte, il traversa la cour d'entrée et monta les quelques marches du perron avant de s'arrêter devant une porte menaçante.

Fidèle à la description d'Ernst Friedrich, celle-ci se dressait devant lui, équipée de son heurtoir stylisé représentant le chardon écossais - ce Friedrich avait vraiment des dons d'observateur…

Oliver agrippa le butoir et le contact froid du métal le fit presque sursauter ; ne pouvant plus reculer, il frappa trois coups distincts. Il se redressa, essaya de mettre de l'ordre dans ses pensées, de se donner une allure décontractée.

Trop rapidement à son goût, la porte s'ouvrit sur un impérieux majordome.

Rassemblant tout son courage, Oliver se présenta :
- Bonjour, je m'appelle Oliver Schrödinger. Je suis un collègue et ami de Mademoiselle Ogilvie, Samantha. J'arrive de Zürich et j'aimerais savoir si elle peut me recevoir ? Bredouilla-t-il.

Jamais il ne s'était trouvé dans une situation pareille ! L'amour rend complètement idiot, pensa-t-il.

Finch-Hatton le considéra quelques instants, dubitatif, puis lui fit signe d'entrer dans la maison.

L'antichambre dans laquelle il fut conduit était meublée simplement : un petit canapé, deux fauteuils de cuir, un guéridon sur lequel trônait un vase de cristal contenant de belles roses de jardin et au mur, deux tapisseries anciennes ; la lumière venait de deux grandes fenêtres donnant sur la cour d'entrée.

Comprenant, à son regard insistant, que le majordome attendait quelque chose de lui, Oliver sortit hâtivement sa carte de son manteau.

Finch-Hatton la considéra gravement et leva les yeux vers lui :
- Mademoiselle Samantha est en Ecosse, Docteur Schrödinger, lui asséna-t-il sans préambule... Mais elle doit rentrer en fin d'après-midi avec Sa Grâce, Lord Peter Ogilvie, son père.
Oliver accusa le coup ! Sous les yeux inquisiteurs de Finch-Hatton, il cherchait vainement quelque chose de sensé à répondre :
- Bien, bien...
- Je peux demander à Madame la duchesse, si elle peut vous accorder un entretien, l'aida-t-il...
Devant le mutisme de son vis-à-vis, il continua :
- Asseyez-vous un moment, Docteur Schrödinger, je vais prévenir Madame.
- Mhmm...
Le majordome sortit de la pièce et Oliver se perdit dans la contemplation de la superbe cour pavée, luttant en vain pour retrouver son calme.
Tout cela pour rien, pensa-t-il... En Ecosse ! Elle m'a fui jusqu'en Ecosse. Il était anéanti ! Jamais il n'avait ressenti un sentiment de vide aussi fort ! Oh si... Il se rappelait maintenant... le même sentiment de vide qu'à la mort de son père.
Perdu dans ses souvenirs, il n'entendit pas la porte s'ouvrir.
- Madame peut vous recevoir, entendit-il derrière lui.
Masquant son regard brillant, il suivit Finch-Hatton comme un somnambule.

Il fut introduit dans un grand salon, un salon de musique apparemment. La pièce était claire, donnant sur de la végétation, un jardin ? Plutôt un parc d'après ses dimensions, pensa-t-il. Un piano quart de queue d'un brun chaleureux occupait toute une partie de la pièce. De l'autre côté, une petite table ronde et de confortables fauteuils complétaient l'ensemble.

Dans l'un d'eux était assise une jeune femme souriante qui le dévisageait avec intérêt.

- Le Docteur Schrödinger, Madame.

Finch-Hatton sortit en refermant sur lui la porte à double-battant.

- Alors voici le célèbre Oliver Schrödinger, Allemand, non, pardon ! Autrichien, arrogant et capitaine de l'équipe de tennis de l'Alt-Züricher-Versicherung ! S'exclama Danaëlle en souriant. Je vois que ma belle-fille a omis de me dire à quel point vous étiez séduisant…

Oliver s'approcha, salua en s'inclinant sur la main tendue et lui rendit son sourire.

- Madame Ogilvie…

Elle lui indiqua le fauteuil voisin.

- Mais… pouvez-vous m'expliquer ce pari idiot ?

- Madame, c'est un regrettable malentendu… Je suis venu voir Samantha, veuillez m'excuser, Mademoiselle Ogilvie, dans l'espoir de le dissiper.

- Et vous êtes venu de Zürich exprès pour vous justifier? S'étonna Danaëlle.

- Pas pour me justifier, Madame… entre Samantha et moi, il n'y a jamais eu de pari stupide ! Mais je pense avoir sous-estimé la malveillance d'un collègue, j'ai manqué de vigilance.

C'était vraiment poliment exprimé, car il avait traité son ami purement et simplement de salaud !

- Voulez-vous parler de Rolf Günther ? Il a déjà tourné autour de Sammie, ajouta-t-elle en riant, mais son frère Evan s'est chargé de le remettre assez vivement à sa place ; d'ailleurs, ma belle-fille ne l'a jamais considéré autrement que comme un camarade de ski : nous sommes voisins en Suisse.

Je suis désolée, continua-t-elle, mais je vais devoir vous abandonner un moment, car je dois conduire nos deux filles à un anniversaire. Samantha rentre dans la soirée avec mon époux, vous pourrez les attendre ici avec moi dès que j'aurai conduit les filles à leur goûter. Qu'en pensez-vous ?

- Je vous suis très reconnaissant, Madame, mais je ne voudrais pas abuser de votre temps... répondit-il, embarrassé.

Elle le prit au dépourvu :

- Avez-vous déjeuné ? Demanda-t-elle à brûle-pourpoint.

Devant la réprobation manifestée bruyamment par son estomac, Oliver s'empourpra, elle continua...

- Je vais demander à Monsieur Finch-Hatton de vous faire préparer une collation, ainsi, vous ne vous échapperez pas pendant mon absence !

Puis, se levant, elle lui sourit de nouveau.

- Je suis curieuse de connaître l'homme qui a réussi à apprivoiser notre Samantha, lui lança-t-elle mystérieusement en sortant.

Oliver se força à respirer normalement, la boule qui s'était formée au fond de sa gorge commença lentement à se dissoudre...

Respirant de nouveau profondément, il regarda autour de lui. La pièce était meublée non seulement avec goût mais aussi avec le risque du goût. Sous une simplicité apparente, l'ensemble trahissait de très fortes personnalités ; il n'aurait su dire si l'ambiance était plutôt masculine ou féminine, elle était... sereine, raffinée, sans ostentation.

Il s'approcha d'une des fenêtres donnant sur une terrasse qui descendait vers un parc. Des promeneurs chaudement vêtus suivaient des allées bien dessinées contournant des massifs de fleurs, tout semblait calme comme un samedi après-midi à Zürich. Il se demanda depuis combien de temps il n'était pas venu dans la capitale française... quinze ans, vingt ans ? Son père n'avait jamais voulu quitter l'E.T.H ; la recherche en France ne l'intéressait pas, trop politique, disait-il déjà !

On frappa discrètement et Finch-Hatton s'effaça pour laisser entrer une jeune femme portant un plateau.

- Madame m'a priée de vous apporter une collation afin de vous faire patienter. Elle déposa le plateau sur la table, surtout n'hésitez pas si vous désirez autre chose ou encore du café, lui dit-elle en se retirant.

De nouveau seul, Oliver prit une chaise, s'assit et attaqua le premier sandwich avec appétit. Au deuxième, sa tête se remit à marcher normalement et il essaya de faire le point d'une situation qui lui échappait de plus en plus...

D'accord, Samantha serait de retour ce soir et il pourrait enfin lui parler, mais son père le lui permettrait-il ? Que penserait-il de tout cela ?

Il fut distrait dans ses pensées par le bruit d'une porte s'ouvrant derrière lui. Une voix enfantine s'éleva :

- Êtes-vous puni, Monsieur ?
- Non... pas encore, enfin, je crois...

- Bonjour, je m'appelle Bénédict ; je suis le quatrième enfant de la deuxième fratrie et lorsque je dois manger seul, c'est que je suis puni, affirma-t-il.

Le jeune garçon avait contourné la table pour être face à lui ; il devait avoir environ dix ans, pensait-il, mais il ne s'y connaissait pas tellement en enfants ! Il était blond, du même blond que Sam, se dit-il, souriant, avec de grands yeux étranges.

Bénédict le regardait aussi fixement, attendant visiblement une réponse.

- Eh bien moi, je m'appelle Oliver, je suis l'aîné, je n'ai qu'une sœur et je déteste manger tout seul !

- Dans ce cas, je peux vous tenir compagnie... Bénédict prit un siège devant lui ; d'où venez-vous ? Vous avez un accent étranger ? Oh... vous avez les mêmes yeux que ma sœur Samantha !

- Oui, je sais, on nous le dit tout le temps... oups ! Vraiment, beurk ! Il ne se ferait jamais au café français, même avec du sucre !

Avant qu'ils ne puissent continuer leur conversation, Finch-Hatton apparut dans l'embrasure de la porte.

- Monsieur Bénédict, votre professeur de violon vous cherche.

- Peut-être, Monsieur Finch-Hatton, cependant, Mère m'a demandé de tenir compagnie à Monsieur...

- Schrödinger, souffla Oliver au garçon qui lui jetait des regards désespérés.

- Bien sûr, bien sûr... mais rassurez-vous, je peux m'en charger également, puis-je vous rappeler, Monsieur Bénédict, qu'il est très impoli de faire attendre les dames...

- C'est un professeur de musique avant d'être une dame, répliqua le jeune garçon.

- Eh bien Monsieur se trompe, le genre passe avant la fonction dans ce cas !

Bénédict haussa les épaules en signe d'impuissance :
- Pardonnez- moi, Monsieur, j'ai été ravi de faire votre connaissance.
- Oui, je comprends, le devoir vous appelle....

Oliver essayait tant bien que mal de garder son sérieux devant cette scène.

Finch-Hatton, levant les yeux au ciel, laissa Bénédict passer devant lui.
- C'est un garçon plein de ressources, fit remarquer Schrödinger.
- Et vous venez tout juste de faire sa connaissance, Docteur, ajouta le majordome en fermant la porte derrière lui.

Oliver sourit, se rappelant soudain la réflexion de Diana qui l'avait tellement mis en colère : « C'est une famille attachante ! »

A vrai dire, si tous les enfants étaient sur le même modèle, leurs parents ne devaient pas s'ennuyer une seconde. Il commençait aussi à comprendre leurs besoins de personnel et de grandes maisons !

Samantha lui avait raconté qu'elle avait quatre frères aînés, plus une deuxième fratrie de quatre qu'il venait de découvrir : neuf enfants !?! Leur père n'avait pas fini de nourrir tout son monde !

La jeune femme revint pour chercher le plateau et lui annoncer que Madame était revenue.

Samantha, penchée sur le hublot, regardait les côtes de l'Angleterre s'éloigner dans la brume.
- Nous avons atteint la Manche, Père…
- Tant mieux, cela signifie que dans deux bonnes heures nous serons arrivés à la maison.
- La maison… reprit-elle pensivement.
Ogilvie abandonna la lecture de son journal et se tourna vers sa fille :
- Fais-toi un peu confiance ma chérie, nous en avons déjà parlé, tu sais que c'est la meilleure solution.
Il se pencha pour l'embrasser sur l'oreille et lui pressa doucement le genou pour l'encourager.

Samantha se remémorait la conversation qu'ils avaient eue tous les deux hier soir en rentrant au château.

Finnigan leur avait fait servir un souper bien chaud dans le salon, devant la grande cheminée.

- Tu sais, Sammie, si tu n'es pas prête à faire confiance à un homme, avait commencé son père, jamais tu ne pourras construire quelque chose de solide. L'union réussie entre un homme et une femme relève du mystère. La seule chose que j'ai vraiment comprise, c'est qu'ils sont faits pour s'aimer et pas toujours pour se comprendre, et dès qu'on sort de ce schéma, et bien, tout peut déraper !

Elle avait alors fondu en larmes, secouée de sanglots qu'elle tentait vainement de retenir depuis ces derniers jours, depuis qu'elle s'était enfuie pour éviter sa confrontation avec Oliver.

- Papa ! S'était-elle écriée, il me manque tellement, tellement…

Son père l'avait contemplée avec une telle tendresse que ses larmes continuaient de couler sans qu'elle puisse les retenir...

La dernière fois qu'elle s'était entretenue de façon aussi intime avec lui, c'était lors de la pose de son anneau. Elle devait avoir douze ans à l'époque, il lui avait dit :
- Voilà, c'est fait ! Maintenant tu es une jeune fille, tu dois te fier à ton propre discernement. Je n'ai plus le droit de poser la main sur toi, seul l'homme que tu choisiras le pourra.

Elle avait demandé elle-même son introduction au sein des femmes du clan ; elle avait tant besoin de se sentir reconnue et acceptée... et, malgré de sévères réticences envers cette ancienne tradition, il avait fini par accéder à sa demande.

Elle fouilla dans sa poche et sortit le collier de rubis qu'Oliver lui avait offert... lord Peter suivit son geste des yeux et s'exclama en riant :
- T'es-tu seulement posé la question du nombre de caisses de champagne que l'on pourrait acheter avec ce collier ? Veux-tu que je t'aide à le remettre ? Hum, jamais je n'aurais pensé que je payais si bien mes employés ! Remarqua son vieil atavisme écossais.

Traversant la cabine, le Steward s'approcha d'eux :
- Monsieur, nous avons une communication de votre épouse...

Un peu étonné, Ogilvie prit l'appareil... Allô, oui, nous sommes sur le chemin du retour... que se passe-t-il, ma chère ?

Danaëlle lui raconta alors qu'elle était actuellement en grande conversation avec un charmant jeune

homme du nom d'Oliver Schrödinger, arrivé fraîchement de Zürich dans l'espoir de voir Samantha.
Lord Peter ne put s'empêcher de retenir un gloussement et répondit à son épouse :
- Voudrait-il lui parler personnellement ? Bien, je le lui passe et, se tournant vers sa fille, il lui annonça :
- Ma chérie, une personne venant de Zürich aimerait vous parler.
Brusquement revenue à elle, Sam prit le combiné que lui tendait son père d'un regard amusé.
- Oui, allô, Oliver ? Mais où es-tu ?
- Oh Sammie, tu m'as tellement manqué, entendit-elle... Je suis venu à Paris pour que l'on puisse s'expliquer, c'est trop idiot... Je t'aime.
- Moi... moi aussi, je... je me suis comportée comme une idiote ; mon père dit que l'on sera là dans deux heures, tu m'attends ?
Samantha rendit l'appareil, les larmes aux yeux.
- Tu vois, je t'avais dit de faire confiance, ton Oliver a l'air profondément attaché à toi !
Sam hocha la tête et se tourna vers le hublot... Encore deux heures pensa-t-elle... dans deux heures nous serons ensemble !
Les côtes françaises se rapprochaient et le soleil avait apparemment décidé de participer à l'évènement. Elle espérait maintenant que l'autoroute entre Orly et Paris ne serait pas trop encombrée.
Elle avait du mal à contenir son impatience, se répétant sans cesse ce qu'elle allait lui dire.

De son côté, Oliver répondait avec un calme olympien au feu nourri de questions de Danaëlle et Bénédict qui les avait rejoints dès que son professeur l'avait

libéré ; il avait l'impression de subir un interrogatoire musclé.
- Pourquoi parlait-il si bien le français ?
- Depuis combien de temps connaissait-il Sam ?
- Pourquoi travaillait-il en Suisse ?
- Qu'avait-il fait comme études ?
- Aimait-il le ski, le tennis, savait-il monter à cheval, aller à la pêche... Ses parents l'avaient-ils obligé à pratiquer l'escrime, un instrument de musique ?

Ce fut presque avec soulagement qu'il entendit Finch-Hatton annoncer avec emphase en ouvrant la porte :
- Sa Grâce lord Peter Ogilvie-Macleod, duc des Highlands, comte de Dunvegan et sa fille Lady Samantha.
Il se leva précipitamment à leur entrée.
Lord Peter regardait son majordome d'un air narquois, Finch-Hatton avait apparemment décidé de traumatiser l'amant de sa fille !
Sans un regard pour Oliver, il se dirigea vers son épouse, lui prit la main qu'il embrassa tendrement.
Schrödinger observait la scène et la boule au fond de son estomac fut tout à coup de retour.
Le père de Sam était très grand, très sûr de lui... très bel homme comme le lui avait dit Diana et il paraissait également très dangereux avec son regard scrutateur ! Il sourit à son épouse, puis il se tourna vers sa fille, l'air interrogateur.
Samantha sembla sortir de sa torpeur pour s'écrier :
- Père, permettez-moi de vous présenter le Docteur Oliver Schrödinger, mon ami... Oliver, je vous présente Sa Grâc...

- Le père de Samantha, l'interrompit-il, en tendant la main : Docteur Schrödinger, je ne sais pas encore si je suis ravi de faire votre connaissance, mais il est hors de question que je courre régulièrement au fin fond de l'Ecosse pour récupérer ma fille...

- Je vous comprends... Monsieur Ogilvie - la Grâce lui restant coincée dans la gorge malgré leur énergique poignée de main - mais je ne pense pas que le risque soit si grand, ce n'est qu'un regrettable malentendu...

- Un regrettable malentendu, dites-vous, eh bien, dans ce cas je vous propose de régler cela avec ma... oh, vous avez les mêmes yeux que Sammie...

- On lui dit tout le temps, intervint Bénédict.

Son père se tourna vers lui en souriant :

- Enfin ce serait plutôt l'inverse, n'est-ce pas ? Et bien, Samantha, que proposez-vous ?

- Si vous me permettez, plaida Oliver, je pense que l'on pourrait aller se promener dans le parc avec votre fille pour en discuter.

Il se dirigea vers elle comme pour la soutenir face à son père. Il l'aurait plus volontiers chargée sur son épaule pour la ramener au plus vite à Zürich, mais... dans cette maison, la politesse semblait de rigueur et il devait faire preuve d'un minimum de diplomatie.

- Qu'en penses... qu'en pensez-vous Samantha? S'entendit-il lui demander.

Elle le regarda avec soulagement...

- Je devrais peut-être me changer d'abord ?

- Pourquoi, je vous trouve tout à fait ravissante, Mademoiselle.

- Ce n'est pas un peu trop...

- Écossais ? Non pas du tout !

Oliver la contemplait avec un plaisir évident. Elle était vraiment ravissante dans sa tenue traditionnelle,

jupe longue écossaise avec un pull de laine écrue, châle et béret assortis et sa veste vert foncé ; il devait se retenir de toutes ses forces pour ne pas l'embrasser et glisser les mains sous son béret...
Finalement, n'y tenant plus, il lui prit la main et l'entraîna vers la porte donnant sur la terrasse.
- Monsieur Schrödinger, pourrions-nous avoir un entretien dans la soirée ?
- Oui, bien volontiers, Monsieur.
- Êtes-vous descendu à l'hôtel ? Continua Ogilvie, je peux envoyer quelqu'un chercher vos bagages, si nécessaire... Apparemment, le maître de maison n'avait pas l'intention de le laisser s'échapper.
- Non, merci ! Je n'ai pas de bagages.
- Et bien, considérez-vous comme notre invité ce soir, conclut le père de sa compagne.
Mais Oliver et Samantha n'entendaient plus rien, la main dans la main ils sortaient déjà ensemble... Finch-Hatton leur avait ouvert la porte fenêtre et lorsqu'ils passèrent devant lui, il glissa à l'oreille de la jeune femme :
- Mademoiselle, il y a une nouvelle crêperie de l'autre côté du parc... au cas où !
Samantha lui sourit et sortit derrière Oliver.

Restés seuls au salon, Dunvegan s'exclama :
- Eh bien, je crois qu'ils ne vont pas s'ennuyer ensemble, ces deux-là !
- Vous avez parfaitement raison, venez voir, lui dit Danaëlle ; elle avait soulevé le rideau de la fenêtre donnant sur le parc et observait les deux amoureux.
Pierre jeta un coup d'œil dehors et enlaça son épouse :

- Ils me donnent des idées ces jeunes, lui glissa-t-il à l'oreille.
- Eh, je suis encore là moi, s'exclama Bénédict, mécontent de la tournure que prenaient les événements !
- Nous ne t'avons pas oublié, mon chéri, le rassura la duchesse.
- Est-ce-que Monsieur Schrödinger est l'amoureux de Sam ?
- Je crois que l'on peut définir les choses comme cela, mon cher espion de fils, acquiesça Pierre.

Bénédict se réjouit à l'avance de toutes les informations de première main qu'il avait obtenues et c'est gonflé d'importance qu'il gagna sa chambre.

Regagnant dans la soirée la rue Murillo, Oliver et Samantha se présentèrent au salon, introduits par Finch-Hatton -à qui Sam avait glissé quelques instants plus tôt :
- La nouvelle crêperie est vraiment formidable !
- Merci, Mademoiselle, c'est une vieille amie qui me l'a conseillée.

Oliver regarda Sam et lui glissa dans le tuyau de l'oreille...
- Parce qu'il a de vieilles amies, votre majordome ?
- Oh, mais Monsieur Finch-Hatton, avec ses manières irréprochables, est la coqueluche de ces dames, toutes les femmes du quartier se l'arrachent, lui confia-t-elle...

Arthur, l'un des frères de Sammie était au piano, à leur entrée, il se précipita vers sa sœur :
- Sam, tu veux bien chanter le psaume avec moi demain matin ? J'ai promené le chien !

Elle se tourna vers Oliver et lui demanda :

- Crois-tu que ce soit possible ?
- Pour moi, il n'y a aucun problème, mais je pense que ton père veut d'abord s'entretenir avec moi.

Ogilvie sourit à sa remarque et lui fit signe de le suivre dans son bureau.

La pièce reflétait l'image de son propriétaire, spacieuse, meublée de façon sobre et raffinée.

Un grand bureau de style anglais en occupait une partie, deux fauteuils confortables étaient disposés devant une cheminée près de laquelle, sur un guéridon, se trouvaient deux bouteilles et deux verres ; une petite bibliothèque complétait l'ensemble.

Lord Peter lui indiqua un siège et passa directement au vif du sujet :
- Et bien, Docteur Schrödinger, puis-je connaître vos intentions en ce qui concerne ma fille ?

Oliver, préférant rester debout, n'hésita pas une seconde et répondit :
- J'aime profondément votre fille Samantha, Monsieur Ogilvie et je voudrais l'épouser, mais je suis parfaitement conscient que je ne pourrais jamais lui offrir le train de vie auquel elle a été habituée.

Ogilvie lui sourit et répondit :
- Monsieur Schrödinger, vous avez déjà dit ce que tout père souhaite, avant toute chose, entendre de son futur gendre ; vous aimez profondément ma fille ; en ce qui concerne le train de vie, je tiens à vous signaler que l'éducation de Samantha, en Ecosse, a été des plus rustiques. Dans les Highlands, la vie est et a toujours été difficile. La terre ne peut nourrir tous ses habitants, ils doivent alors se louer chez les grandes familles.

Le rôle des aristocrates est de subvenir aux besoins des femmes et des hommes vivant sur leurs terres. C'est d'ailleurs à cette intention, qu'ils ont obtenu leurs domaines de la Couronne. Ceci est non seulement une récompense pour des services rendus par le passé, mais c'est aussi un devoir envers elle.

Si je vous raconte tout cela, mon cher, ce n'est pas pour vous ennuyer, mais pour vous faire comprendre qu'être élevé dans une famille noble est loin d'être un véritable enchantement.

Puis reprenant le sujet de la conversation :
- Samantha a fini ses études, elle vous a choisi, vous, et pas un autre. Je respecte tout à fait son choix, d'autant plus que vous semblez la rendre heureuse.

Mais c'est à vous deux de définir votre façon de vivre... Je ne m'immiscerai jamais dans votre couple ; j'aimerais cependant vous poser une question : que pensera votre famille d'une telle union ?
- Ma famille ? Répéta Oliver interloqué, mais je n'ai pas de... enfin disons que je suis en froid avec ma famille depuis de nombreuses années !
- Samantha est-elle au courant ?
- Oui et non, mais je ne vois pas ce que cela vient faire ici, s'exclama-t-il.

Lord Peter l'observa et Oliver baissa les yeux devant le regard vert si clair de son interlocuteur ; si ce que Sam lui avait raconté sur son père était vrai, alors il pourrait le comprendre... Il continua, les yeux fixés sur le rebord du bureau devant lui :
- Mon père est décédé des suites d'un accident de laboratoire lorsque j'avais seize ans et... ma mère s'est remariée avec son meilleur ami quelques mois plus tard !
- Je vois... répondit simplement Ogilvie.

Schrödinger releva les yeux vers lui et lut de la compréhension, de la compassion dans son regard, mais en aucun cas de la pitié. Rassuré, il continua :

- Je n'ai jamais pu lui pardonner.
- Je comprends tout à fait ; la seule chose que je puisse ajouter à cela, c'est que malheureusement vous ne serez en paix avec vous même que lorsque ce problème aura été réglé, sinon cette famille sera toujours votre point faible, votre tendon d'Achille...
La famille a toujours été le lieu privilégié de toutes les névroses[6], conclut-il.
Oliver le regarda et se sentit enfin compris... et surtout, accepté pour lui-même.

Après quelques instants de silence partagé, le père de Sam poursuivit :
- Bien, puisque nous sommes d'accord sur votre relation avec ma fille, j'aimerais maintenant aborder un sujet tout à fait différent.
Il se leva et se dirigea vers la petite table sur laquelle se trouvaient les verres et les bouteilles.
- Mais avant, permettez-moi de vous offrir un verre pour fêter l'événement... un whisky, un cognac ?
- De préférence un whisky, je ne suis guère un fanatique du cognac !
- Moi non plus, s'exclama Ogilvie, je reste apparemment un Ecossais. Je voudrais m'entretenir avec vous d'un sujet qui me tient à cœur : la fondation !
J'ai appris par Mademoiselle Schneider, que vous aviez été embauché dans cette intention, elle m'a d'ailleurs fourni tous vos... états de services, brillants je dois dire, extrêmement brillants.

---

[6] *Laurent Sentis, cours de Morale Fondamentale.*

Oliver, gêné, l'interrompit :
- Diana Schneider m'a appris que vous vous posiez des questions à ce sujet ; c'est assez compliqué et pour cette raison... j'avais déjà plus ou moins envisagé de quitter l'entreprise.
Lord Peter tressaillit !
- Pourriez-vous être plus explicite ?
- Je ne peux que vous livrer mes impressions, mais ce n'est guère élogieux pour la société.
- C'est à moi d'en juger, allez-y Schrödinger !
Oliver s'assit et le père de Sam lui tendit un verre avant de faire de même.
- J'ai été embauché il y a un peu plus de deux ans par l'Alt-Züricher-Versicherung sur la recommandation du professeur Werthi...
- Vous le connaissez bien ? L'interrompit Ogilvie.
- Oui, à la mort de mon père - qui était comme lui professeur à l'E.T.H -, il s'est occupé de moi. Je commençais à devenir ingérable pour ma mère et il m'a pris chez lui, à Zürich, donc il m'a recommandé pour le poste car je revenais juste d'U.R.S.S. où j'avais participé à la création d'un institut de recherche appliquée ; il m'a mis en rapport avec Diana Schneider, responsable des relations humaines...
Oliver réfléchit quelques instants avant de continuer :
- Werthi avait dans l'idée d'utiliser ce nouveau projet, votre fondation, pour étayer mon Habilitation[7].
Il voulait que je suive la voie tracée par la famille...

---

[7] *Cursus universitaire afin de devenir professeur d'université.*

- Êtes-vous parent avec le prix Nobel ? Ne put s'empêcher de demander lord Peter.
- Oui, c'était mon grand-père, répondit le jeune homme... donc je suis entré dans votre société pour ce projet, Diana avait embauché également une jeune femme, Julia Brenner, qui devait me seconder, me servir de relais dans l'entreprise ; tout a bien marché pendant... je dirais six à huit mois. J'avais rédigé une ébauche pour l'élaboration de la fondation que j'avais remise à Monsieur Günther, le directeur ; je n'en ai jamais eu le moindre écho. J'ai appris plus tard - par une indiscrétion - que celle-ci était à l'étude, qu'elle avait été confiée à un cabinet scientifique indépendant... etc., etc.

Ogilvie se leva soudainement et prit sur le bureau un épais dossier qu'il tendit à Schrödinger :
- Est-ce de celle-ci dont vous parlez, demanda-t-il ?

Oliver feuilleta rapidement le document intitulé Projet pour la Fondation Li-Ann-Ogilvie et dit :
- Oui, tout à fait ! Mais je vois qu'il est signé Julia Brenner, s'indigna-t-il, levant les yeux vers Ogilvie ; autre chose, continua-t-il... Je n'ai jamais rédigé d'introduction ni de conclusion, comme je vous l'ai dit, c'était une ébauche... Je ne connaissais pas non plus le projet sous ce nom ; rien de chiffré ne pouvait apparaître puisque je ne connaissais pas la hauteur des fonds qui seraient alloués à un tel projet, c'était une ébauche, une proposition de fonctionnement...
- Bon, et bien, je crois que nous avons un réel problème, conclut Dunvegan, il faut maintenant agir vite. J'avais remarqué que le contenu du document n'était pas homogène : le développement, très clair, très fouillé, puis cette introduction et cette conclusion, bâclées ! Je ne voudrais pas abuser de votre temps,

mon cher Oliver, mais je vais réfléchir un peu à tout cela. Pouvons-nous nous revoir demain matin ? Je ne voudrais pas laisser plus longtemps Sammie et mon épouse dans l'expectative.

- Oui, bien sûr, je suis aussi curieux que vous de savoir qui tire les ficelles dans cette histoire, Diana Schneider m'a pourtant mis en garde plusieurs fois !

- Et je pense que c'est une jeune femme pleine de bon sens, très compétente... bien... nous sommes d'accord, conclut Lord Peter ; mais pour l'instant, rien ne doit filtrer de notre entretien à ce sujet, cette fondation est née de l'initiative de mon fils Evan et de Samantha... et je ne voudrais pas les décevoir.

*
* *
*

Chapitre VII

Réveillé au milieu de la nuit par la traîtresse réaction de son corps envers celui de Samantha, lovée contre lui, Oliver chercha un dérivatif. Il avait tout d'abord refusé catégoriquement qu'elle le rejoigne dans son lit ; or, elle avait réussi à le persuader qu'à travers deux pyjamas épais, il ne pouvait rien se passer et il avait tellement envie de l'avoir dans ses bras qu'il avait fini par céder !

Il se remémora la fin de la soirée. Ils étaient sortis du bureau d'Ogilvie vers vingt-deux heures, Danaëlle et Samantha commençaient à se demander à quelle sauce il avait été cuisiné par leur époux et père ! Elles furent heureuses d'apprendre qu'ils s'étaient mis d'accord sur un mariage prochain.

Danaëlle avait embrassé Oliver en lui souhaitant la bienvenue dans la famille. Le jeune homme en avait été profondément touché. Il avait été aussi convenu que les enfants seraient mis au courant dès le lendemain matin, afin de pouvoir fêter l'événement...

Les deux jeunes gens avaient alors pu se retirer et Finch-Hatton les avait accompagnés au deuxième étage.

Il s'était arrêté devant l'une des portes du couloir et tourné vers Oliver en disant :

- Voilà ! Si Monsieur a besoin de quelque chose, qu'il n'hésite pas à sonner. La salle de bains est commune aux deux chambres ; je reviendrai prendre vos vêtements plus tard. J'ai pensé que vous auriez peut-

être besoin d'un pyjama. Ces *sauvages d'Écossais*, eux, n'en n'éprouvent guère le besoin, soupira-t-il.
- Vous semblez très attaché à ces ... sauvages, Monsieur Finch-Hatton, lui fit remarquer Oliver.
Le majordome le scruta de son regard impénétrable et répondit :
- Je donnerais ma vie pour eux sans même y réfléchir, Docteur, mais ce sont des *Écossais*... c'est une culture différente de la nôtre... les *Anglais* je veux dire.
- Ah, je vois... et il n'insista pas.
Quelques instants plus tard, il se trouvait nez-à-nez avec Sam dans la salle de bains !
- Tu crois qu'il l'a fait exprès ? Lui demanda-t-il, alors qu'ils prenaient ensemble leur douche.
- Oh ça, c'est absolument sûr, lui répondit-elle en riant de son étonnement.
Il avait alors été hors de question que chacun dorme pudiquement dans sa chambre. Samantha lui avait promis d'être très sage et de ne pas le tenter sous le toit de ses parents, mais maintenant, au beau milieu de la nuit, ses bonnes intentions commençaient sérieusement à flancher. Pourvu qu'ils soient réveillés avant que Finch-Hatton ne débarque dans sa chambre avec ses vêtements « rafraîchis », comme il lui avait promis hier soir...
Samantha remua contre lui et il perdit définitivement le fil rationnel de ses pensées...

Lorsqu'ils apparurent à huit heures sonnantes pour le petit-déjeuner, tout le monde les attendait...
- Il paraît que les amoureux dorment très tard, commenta Bénédict, c'est Tiphaine qui me l'a dit !

- Il y en a même qui ne se lèvent pas du tout, ajouta son père en refermant le journal.
- Cela rend malade à ce point ? S'inquiéta-t-il. Mais devant les gloussements d'Arthur et des jumelles, il rougit violement... Apparemment, il lui manquait quelques informations.

Tout le monde se mit à table dans la bonne humeur, Oliver eut même droit à un café tout à fait convenable au sein de ces buveurs de thé !

Il fut convenu qu'exceptionnellement ils feraient deux groupes pour l'église, car Peter et Oliver avaient encore des choses à mettre au point avant le retour pour Zürich.

- Alors, Père, demanda Sam, nous pouvons rentrer avec ma voiture si nous sommes deux à conduire ; c'est mieux pour Chivas et la mini me sera vraiment utile là-bas.

Ogilvie acquiesça d'un hochement de tête. Samantha se demandait de quoi son père voulait parler avec Oliver avant leur départ... N'avaient-ils pas déjà discuté de tout hier soir ? Oliver ne lui avait raconté qu'une partie de leur entretien, cette nuit ; mais à présent, elle se doutait que les soupçons de son père au sujet de la fondation avaient l'air de s'être précisés ; du reste, hier soir, ils semblaient soucieux en sortant du bureau.

Dès la fin du petit-déjeuner, elle partit donc avec Danaëlle et ses quatre frères et sœurs pour l'église.

La première chose que demanda Dunvegan lorsqu'ils furent de nouveau installés dans son bureau fut :
- Oliver, avez-vous réfléchit ? Avez-vous toujours l'intention de quitter l'entreprise ?

- Non, pas vraiment... du moins pas avant de savoir ce qui s'est passé avec mon travail.
- Bien, j'en suis très heureux ; je n'aurais pas aimé perdre un élément aussi brillant. Je vais vous exposer la stratégie à laquelle j'ai pensé cette nuit. C'est tout à fait confidentiel. Puis-je compter sur votre discrétion ?
- Sans aucun doute, Monsieur.
- Vous pouvez m'appeler Pierre en famille, étant donné votre relation avec Sammie, continua-t-il en souriant ; j'ai rarement vu ma fille aussi calme et sereine que ce matin... Je dois vous l'avouer.

Oliver s'empourpra devant l'allusion et Ogilvie, le regard vert pétillant devant le malaise de son interlocuteur, poursuivit :
- Samantha a vingt-deux ans, Schrödinger, c'est dans la nature des choses... à seize, je vous aurais tué !

Oliver lui rendit son sourire, rasséréné.
- Bon, revenons à notre sujet ! Il faut que nous comprenions exactement le rôle de mademoiselle Brenner dans cette histoire, c'est la seule façon de la confondre et également de savoir pour qui elle travaille vraiment.

Mademoiselle Schneider m'a dit que le nouveau directeur avait été choisi sans passer par le service des relations humaines de l'entreprise, mais par un cabinet privé de recrutement ; il faut comprendre pourquoi...

De plus, elle m'a dit qu'elle avait refusé la candidature de Julia Brenner qu'elle considérait comme peu qualifiée pour le poste... Pourquoi n'a-t-elle pas été suivie par Günther lorsqu'il dirigeait encore l'entreprise ?

En un mot, tout cela fait beaucoup de questions sans réponse, qu'en pensez-vous, Oliver ?

- J'ai bien une théorie, mais pas de preuves…
- Allez-y quand même, lui ordonna Ogilvie !
- Je pense que quelqu'un veut mettre la main sur l'Alt-Züricher, le problème de la fondation était - du moins au début - secondaire. Julia Brenner a été introduite dans l'entreprise comme cheval de Troie. Ce que je n'arrive pas à comprendre, c'est la relation entre Günther et elle. Mais elle a, dès le début, cherché à sortir de ses fonctions. Elle a intrigué jusqu'à devenir sa secrétaire particulière… et, lorsqu'elle a appris que son successeur était déjà choisi, elle a cherché à le séduire.
- Qui ? Hoffmann ?

Oliver acquiesça d'un mouvement de tête.
- Qu'est-ce qui vous fait dire cela ?
- Je suis désolé d'avoir à vous l'apprendre, mais j'ai eu une courte liaison avec elle…

Il vit que son futur beau-père accusait le coup… Il reprit :
- Lorsque Diana était au Canada il y a environ un an, Mademoiselle Brenner s'est rapprochée de moi. Elle fait partie de l'équipe de tennis et comme Diana et moi jouons tous les vendredis soirs avec les Hoffmann depuis que je suis dans la société, elle m'a proposé de la remplacer afin de mieux nous connaître. Et, un soir, nous… j'ai dérapé ! Mais j'ai compris très vite que ce n'était pas moi qui l'intéressais. Elle cherchait en fait à atteindre Werner Hoffmann…

Oliver osait à peine regarder Peter Ogilvie, mais il poursuivit :

Sabine Hoffmann est alors tombée malade et son époux a dû s'occuper des enfants et prendre un congé assez long ; dès ce moment, Julia a eu le champ libre.

- Je commence à comprendre ce que vous disiez hier. C'est effectivement plus complexe que je ne le pensais.

Ils restèrent silencieux un long moment... Oliver se demandait s'il avait vraiment déçu lord Peter et si cela mettrait en péril leur future relation.

Ogilvie se leva et rompit le silence :
- Je ne vois qu'une façon de remettre tout en place, mais je ne suis pas sûr que cela vous plaise vraiment, continua-t-il.

Ça y est, pensa Oliver, il va me demander de quitter mon boulot pour reprendre les choses lui-même en mains !
- Vous êtes un garçon très brillant, Schrödinger...
- Mais ? L'interrompit le jeune homme.
- Vous êtes fragile affectivement... Je pense que ma fille pourra beaucoup vous aider sur ce plan car Samantha est un roc ; et cela depuis son plus jeune âge.

Je vais donc vous confier la direction de cette fondation, c'est vous qui, de toute façon, en savez le plus sur cette affaire.

Oliver l'écoutait abasourdi, lui qui pensait être viré !

Lord Peter continua son monologue :
- Mais dans un premier temps, il va falloir jouer très serré.
- Je ne vous suis plus vraiment, Monsieur...
- Vous allez rentrer tranquillement à Zürich avec Sammie - elle doit de toute façon finir son stage. Vous allez vous remettre à travailler sur le... plutôt sur *notre* projet. C'est moi qui vous donnerai tous les éléments nécessaires et vous n'aurez de comptes à rendre qu'à moi-même. Marchant de long en large, Dunvegan poursuivit :

- Nous présenterons l'ensemble lors de la conférence de fin de stage. Ce que vous avez déjà préparé est très bon, finissez-le en définissant les branches de recherche qui vous paraissent les plus appropriées, les moyens dont vous devez disposer en hommes et matériel, discutez, si nécessaire avec Kurt, mais pas de vagues...
Nous avons un mois au cours duquel je me fais fort, avec Diana Schneider, de trouver ce qui se cache là dessous !
Oliver regarda son interlocuteur dans les yeux et comprit pourquoi il l'avait trouvé dangereux dès le premier abord, il dit simplement :
- Vous me faites une grande confiance et je vous en suis sincèrement reconnaissant, j'ai l'impression que nous parlons le même langage... Puis-je mettre Samantha au courant maintenant ?
- Vous êtes de toute façon sur le même bateau ; les sujets des stagiaires ont été choisis en fonction des futurs projets de recherche. De mon côté, j'agirai par l'intermédiaire de Mademoiselle Schneider. Cela fait quatre personnes dans la confidence, non, j'oubliais... mon fils Evan doit aussi être mis au courant, car il est partie prenante dans cette affaire ; mais, comme je vous l'ai dit, silence radio jusqu'à la conférence ; à l'Alt-Züricher, personne ne doit se douter de quelque chose. Qu'en pensez-vous, mon cher ?
- Très habile, je dois dire que Samantha m'avait déjà parlé de vos talents de diplomate.
- De diplomate, vraiment ? S'exclama Peter en riant. Eh bien maintenant, je dois filer à Saint Charles avant qu'il ne soit trop tard. C'est un vieil ami à moi qui célèbre l'office aujourd'hui.
- Puis-je vous accompagner, s'enquit Oliver ?

- Oui, bien sûr, êtes-vous catholique ?
- Il me semble que j'ai été baptisé, si mes souvenirs sont bons.
Ogilvie lui sourit et se dirigeant vers son bureau, ouvrit un petit tiroir…
- Tenez, lui dit-il en tendant deux anneaux et une bague assortie : c'était la bague de ma première femme, Li-Ann, la mère de Samantha. J'ai fait faire également deux alliances pour ma fille… si cela peut vous donner des idées, mais je vous rassure, il n'y a aucune obligation !
Il déposa dans la main de Schrödinger les trois bijoux, toujours le même style, pensa celui-ci, sobre et raffiné : une simple bague en or jaune avec deux rubis et deux anneaux torsadés en or blanc et jaune.
- Il faut nous dépêcher maintenant, intervint Pierre, il y a dix minutes de marche jusqu'à l'église et j'aimerais entendre Arthur et Sam chanter ensemble, cela fait si longtemps que je ne les ai pas écoutés…

Ils prirent place aux côtés de la famille, alors que la chorale entonnait le chant d'entrée.
Durant l'office, Oliver fut un peu absent. Il y avait si longtemps qu'il n'avait pas mis les pieds dans une église, mais bizarrement, lui qui était tout à fait anti-famille avait l'impression diffuse d'être comme « rentré à la maison ».
Il fut impressionné par la qualité des voix de Sam et d'Arthur, le psaume chanté à deux voix était une pure merveille. Profondément ému, il jeta un regard vers son futur beau-père. Celui-ci semblait également très touché et serrait étroitement la main de sa femme.

Lorsque sa compagne revint s'asseoir près de lui, il lui pressa tendrement le bras, puis, repensant à leurs ébats de la nuit, il se demanda quelle attitude adopter.

A la fin de la messe, il lui demanda :
- C'est à cause de nos activités nocturnes que tu n'es pas allée communier ?
- Eh bien sincèrement, je ne savais pas quoi faire !

Oliver lui montra la bague et les alliances.
- C'était la bague de ta mère, ton père me l'a confiée tout à l'heure... Veux-tu que l'on demande au prêtre de les bénir, lui proposa-t-il ?
- Tu crois que l'on peut aussi lui demander de nous fiancer ? Ou c'est encore trop tôt ?
- Pour moi ce n'est pas trop tôt, allons-y avant qu'il ne sorte !

Le père Boniface sortit de la sacristie au pas de charge comme à son habitude... Il avait déjà salué les paroissiens, mais il préférait toujours les rejoindre sur le parvis après s'être changé. Il tomba sur un jeune couple qui l'attendait.
- Oh, Samantha !
- Père Boniface, je voulais vous présenter mon ami, Oliver Schrödinger.

Les deux hommes se serrèrent chaleureusement la main, puis Sam lui montra les bijoux.
- Pourriez-vous les bénir, lui demanda-t-elle et peut-être nous fiancer ?

Boniface les regarda tous les deux pensivement.

- Je suppose que si vous me demandez cela, c'est que vous savez ce que vous faites… Vous êtes-vous déjà donnés l'un à l'autre ?

Oliver regretta immédiatement son idée ; mais sa compagne ne se laissa pas impressionner.

- Oui, mon Père !

Boniface continua :

- Pensez-vous que ce don soit assez profond pour vous conduire vers le mariage chrétien ?

Cette fois-ci, ce fut Oliver qui répondit le premier :

- Oui !
- Et toi, Samantha ?
- Je ne pourrais pas vivre sans lui, répondit-elle.
- Alors vous comprendrez tous les deux que je ne peux plus vous fiancer… mais je peux vous marier, leur expliqua-t-il.

Oliver et Samantha se regardèrent et se prirent par la main.

- Nous sommes prêts, répondirent-ils.
- Alors, je vais vous marier, ce mariage sera valide devant l'Eglise ; vous vous consacrerez l'un à l'autre, mais vous devrez renouveler vos vœux après être passés à la mairie. Notre sacristain et notre vicaire vous serviront de témoins… Êtes-vous prêts ?

*

Dix minutes plus tard, le père Boniface les accompagnait jusqu'à la sortie et ils retrouvèrent le reste de la famille sur le parvis.

S'adressant à Ogilvie, Boniface dit :

- Mon cher Pierre, à leur demande, je viens d'unir, ces deux jeunes gens par les liens sacrés du mariage…

Tous parurent stupéfaits ; sauf le père de Sam qui s'approcha d'Oliver et, le serrant brièvement dans ses bras, lui dit comme Danaëlle la veille au soir :
- Bienvenue dans notre famille, fils…
- Merci, répondit-il les yeux brillants de larmes.
Il enlaça ensuite sa fille :
- Tous mes vœux de bonheur, ma chérie ; essaye d'obéir un peu à ton époux !
Dans le creux de l'oreille, il ajouta : et n'oublie pas de lui faire confiance…
- Mais alors, s'exclama brusquement Hélène, on ne pourra plus être demoiselles d'honneur ?
- Ma chère fille, nous avons maintenant deux mariages à régulariser officiellement, celui d'Evan et d'Esther et celui de Sammie et d'Oliver… Je pense que tes talents de demoiselle d'honneur seront mis à rude épreuve, qu'en penses-tu ?
Devant l'hilarité générale, un couple s'approcha, les Redford félicitèrent les nouveaux mariés.
- Apparemment, le mariage à la forge est une tradition toujours bien vivante chez les Écossais… et maintenant elle s'exporte, déclara Lord Redford en se penchant sur la main de Samantha avant de serrer celle d'Oliver.
- Et moi, je trouve qu'il faut enfin fêter cela dignement, qu'en pensez-vous Père, le pressa Arthur ? Nous pourrions nous arrêter à la brasserie en rentrant…
- C'est moi qui vais réserver, s'exclama Bénédict en dévalant quatre à quatre les marches du parvis.

*

Après sept heures de route, la Mini-Cooper s'approchait de la banlieue de Zürich. Le voyage ne leur avait pas paru si long, mais les reins d'Oliver commençaient à protester douloureusement à cause de l'exiguïté de l'intérieur. Il n'osa pourtant pas dénigrer le véhicule, cadeau d'anniversaire de sa toute jeune femme, même s'il pensait qu'il fallait vraiment être Anglais pour concevoir ce genre de chose.

Et comme il était hors de question pour Schrödinger de refaire la même erreur que la semaine dernière, en laissant Samantha arriver seule dans l'entreprise le lendemain matin, ils passèrent chez lui récupérer quelques affaires avant de rejoindre Kilchberg.

- Mais il est drôlement bien aussi, ton appartement ! S'exclama-t-elle. Faisant le tour du propriétaire, elle admira la vue sur les toits de la vieille ville.

- Oui, tu vois, les vieux célibataires comme moi préfèrent habiter au centre-ville... tout à portée de main, c'est très pratique.

Peu après, Oliver se glissa avec délice dans sa vieille coccinelle, étendit avec volupté ses longues jambes dans l'habitacle puis suivit Sam jusqu'à chez elle.

Les aboiements de bienvenue que s'adressèrent Chivas-Regal et Marnie réveillèrent la maisonnée et un Ernst Friedrich hirsute et vêtu d'une robe de chambre hors d'âge les accueillit.

- Eh bien, je vois que vous avez tenu parole, jeune homme, remarqua-t-il ; tout s'est déroulé comme prévu ?

Les jeunes gens lui montrèrent leurs alliances.

- Ça alors ! Vous n'avez pas perdu de temps, s'exclama le vieil homme médusé. Bon, maintenant que nous sommes rassurés, ma compagne et moi, je crois que nous pouvons retourner nous coucher. Allez, bonsoir les jeunes ! Et il disparut derrière sa porte.

En montant l'escalier Samantha demanda à son époux tout neuf, l'air soupçonneux :
- Que voulait-il dire par : « je vois que vous avez tenu parole » ?
Olivier réfléchit à la meilleure façon de lui présenter les choses et se lança :
- Ce cher Ernst n'est pas facile à convaincre, comprends-tu… Tu lui avais dit que tu étais rentrée pour un problème familial et il ne se sentait pas du tout obligé de me donner ton adresse parisienne. J'ai dû ruser, lui raconter que je devais te joindre le plus rapidement possible au sujet de ton stage, etc., etc.
À vrai dire, je ne pense pas qu'il m'ait cru un seul instant, mais, au bout de trois jours il a fini par craquer et m'a proposé un marché:
« Si je vous dis où habite sa famille, vous nous la ramènerez ? »
J'ai promis et il m'a tout expliqué !
La jeune femme s'approcha de son compagnon et l'entoura de ses bras.
- Merci, lui glissa-t-elle dans le creux de l'oreille, tu ne vas pas le regretter…

*
* *
*

Chapitre VIII

Depuis leur retour de Paris trois semaines auparavant, les choses avaient évolué si rapidement que Schrödinger se demandait parfois s'il ne rêvait pas.

Il contemplait avec un soupçon d'ironie l'activité qui gagnait la salle de conférence de l'Alt-Züricher... lui-même n'aurait jamais pensé que certaines personnes puissent avoir suffisamment de pouvoir pour agir aussi efficacement.

Il venait de saluer Werner Hoffmann qui accompagnait le président-directeur-général Anton Günther. Ce dernier avait dû reprendre du service à la suite de la mise à pied de son successeur.

Les conditions d'embauche de Bermel ainsi que la non vérification de ses références - un peu nébuleuses - avaient conduit le service des relations humaines à ouvrir une enquête interne dirigée par Peter Ogilvie et Diana Schneider afin d'établir les responsabilités de chacun dans cette affaire.

Julia Brenner avait même tenté de refaire les yeux doux à Oliver dès que son nouveau poste avait été entériné par le conseil d'administration.

Lors du premier entretien avec le président qui l'avait désigné comme responsable et futur directeur de la nouvelle fondation, Günther avait laissé échapper quelques mots anodins qui avaient fait longtemps réfléchir Oliver.

- Savez-vous, Schrödinger que vous êtes entré dans une famille prestigieuse... de façon certes cavalière, mais ne rêvez pas, au moindre faux pas, vous serez viré.

Ce à quoi il avait répondu simplement :
- Si je fais partie de cette prestigieuse famille, comme vous le dites, c'est uniquement parce que Samantha Ogilvie et moi-même sommes amoureux l'un de l'autre et mariés maintenant.

Le président avait hoché la tête d'un air entendu, estimant certainement qu'il ne devait qu'à son nouveau statut ce poste de prestige dont tout le monde rêvait à l'Alt-Züricher.

Oliver était pourtant la personne la plus compétente pour ce genre de création ; mais il n'avait aucune idée de ce que Rolf avait raconté à son père au sujet de son aventure avec Sam. Il se doutait pourtant bien que la jalousie avait dû le pousser à en rajouter plus que nécessaire...

Le professeur Werthi lui fit signe et il alla à sa rencontre.
- Alors mon garçon, tout est au point ? Lui demanda-celui-ci.
- Oui, je pense... comme convenu vous faites l'ouverture, ensuite vous annoncerez les conférenciers. Samantha commencera en présentant le travail accompli par le trio, elle sera suivie par les autres stagiaires, puis interviendront le professeur Barinkova ainsi que le professeur Durell ; je conclurai en présentant les statuts de la nouvelle fondation...

Werthi regarda son ancien protégé avec fierté mais ne put s'empêcher de remarquer :
- Aucun Français, c'est un peu dommage. Serais-tu aussi têtu que ton père ?

Oliver lui sourit et répondit :

- Nous avons envoyé des dossiers d'information sur nos projets à la Sorbonne, à Jussieu et même au Collège de France mais apparemment, ils réfléchissent encore à la suite à donner à nos propositions. Les sujets interdisciplinaires n'ont jamais attiré la recherche française - il faut avant tout pouvoir travailler en équipe - et, de toute façon, il n'y a aucun partenariat avec l'E.T.H.

Leur conversation fut interrompue par l'arrivée de Peter Ogilvie accompagné de personnes inconnues de Schrödinger.

Werthi se dirigea vers son ancien collègue d'études.

- Bonjour Pierre, je vois que la famille est venue en renfort... Il s'inclina sur la main de Danaëlle, puis se tourna vers un jeune homme brun, très grand qui ressemblait au beau-père d'Oliver en plus jeune.

- Bonjour Evan, dit le professeur en lui serrant la main, j'espère que les travaux domestiques ne vous tiennent pas trop éloignés des Ponts et Chaussées, ce serait un vrai gâchis de compétences...

Evan lui répondit en souriant :

- Soyez rassuré Kurt, je défends âprement quelques projets qui me sont chers, mais l'année dernière, j'ai eu la chance de retrouver cette charmante personne que j'aimerais vous présenter : mon épouse, Esther Ogilvie, marquise de Kinloch-Abbey et agrégée en lettres anciennes et culture celtique, dont le grand projet est de répertorier toutes les vieilles chansons en gaélique des Highlands !

La jeune femme qui sourit à Werthi était aussi très grande et possédait un remarquable maintien, sa chevelure d'un roux éclatant semblait la couronner et d'après ce que pouvait en juger Oliver, elle paraissait enceinte de plusieurs mois.

Le jeune couple se tourna vers lui et le frère aîné de Sammie s'inclina avec un regard espiègle :
- Evan Ogilvie, Marquis de Kinloch-Abbey et Vicomte de Dunvegan pour vous servir, Docteur Schrödinger. Votre renommée a atteint nos lointaines contrées... J'ai dû faire la même tête que mon père, lorsqu'il a découvert mon propre mariage, en apprenant que ma sœur avait trouvé un homme beaucoup moins bête que ses frères et avait décidé de l'épouser sans tarder !

Evan lui serra chaleureusement la main et Schrödinger reconnut les vifs yeux verts, pétillants de curiosité, des Ogilvie.
- Je vous souhaite la bienvenue dans cette féconde famille écossaise, Docteur, et se tournant vers son épouse, il ajouta :
- Ma chère, admirez ces yeux... Je crois qu'il mérite toute notre considération !

En embrassant son nouveau beau-frère sur les deux joues, Esther lui glissa dans le creux de l'oreille :
- Normalement, mon époux n'est pas aussi cérémonieux, mais depuis qu'il m'a séduite incognito, il doit faire amende honorable en se présentant sous son vrai jour !

Du haut de l'estrade, le président Günther réclama le silence.

Il invita tous les participants à rejoindre leurs places et commença à leur expliquer la raison de leur présence en ces lieux.

La salle était comble, beaucoup plus que pour de simples exposés de stage, pensa Oliver, les participants connaissaient les enjeux de ce qui allait suivre.

Il remarqua que Julia Brenner s'était assise le plus loin possible de Diana ; elle devait se sentir isolée à la suite des derniers développements au sein de l'entreprise ; et le fait d'avoir été convoquée par le service des relations humaines - afin de rendre compte de ses activités - avait définitivement ruiné l'amitié entre les deux jeunes femmes...

Cependant, il n'était pas dupe, Julia était beaucoup trop opportuniste pour se laisser abattre sans lutter et il s'inquiétait de la tournure que pouvaient prendre les événements futurs.

Ayant décrit dans les grandes lignes les changements à venir, le président Günther présenta son successeur, Werner Hoffmann, dont l'entrée en fonction imminente fut longuement applaudie par l'assistance.

Il laissa ensuite la place au professeur Werthi qui, comme à son habitude, enchanta son auditoire dès les premiers mots...

Il leur parla de la longue tradition en Suisse comme dans d'autres pays d'Europe des échanges entre l'industrie et les universités. Il insista sur le fait que les jeunes diplômés ne connaissaient généralement pas ou très mal les applications auxquelles leurs recherches permettaient l'accès, ce qui les empêchait souvent d'évaluer leur propre potentiel ainsi que celui des employés plus âgés, avec lesquels ils étaient amenés à travailler au sein d'une entreprise.

Assise entre Diana et Oliver, Samantha commençait à entrevoir la raison de l'obligation qui lui avait été

faite par son père d'aller se frotter un peu au monde réel.
 Son regard fut attiré par l'ouverture discrète de la porte de l'amphithéâtre : un homme brun, bouclé, d'une quarantaine d'année essayait visiblement d'entrer en passant inaperçu, ce que - malheureusement pour lui - sa haute taille ne lui permettait guère.
 - Ah enfin ! Tonton Mitia, glissa-t-elle à ses voisins...
 Ils la regardèrent tous les deux avec des yeux interrogateurs.
 - Oui, continua-t-elle à voix basse, le professeur Smyslowsky !
 - C'est impossible lui répliqua Diana, le professeur Smyslowsky a au moins soixante ou soixante-cinq ans !
 Ce fut au tour de Samantha de la regarder étonnée, la jeune femme continua en précisant :
 - J'ai lu tous ses livres et il y a sa photo derrière !
 Samantha voulut lui répondre, mais elle entendit la voix de Werthi qui l'appelait :
 - Et maintenant, assez parlé, nous allons laisser la parole à Mademoiselle Samantha Ogilvie, la plus jeune de nos stagiaires. Elle va nous présenter des concordances entre données scientifiques et sciences humaines. Ma chère enfant, c'est à vous...
 Mortifiée d'être traitée de façon aussi manifestement paternaliste, elle, une jeune femme fraîchement mariée et chercheuse émérite, Sammie le rejoignit.
 Oliver lui jeta un clin d'œil complice avant qu'elle ne monte sur l'échafaud.

 Elle prit alors la parole :

« Mesdames et Messieurs, permettez-moi de commencer cet exposé en remerciant d'une part le professeur docteur, *docteur*, Kurt Werthi - Samantha appuya lourdement sur le double titre de l'universitaire, provoquant des gloussements dans l'assemblée - qui m'a accueillie dans son cercle de travail durant deux ans et d'autre part, l'Alt-Züricher-Versicherung qui a accepté de nous prendre en stage et de confier, à mes collègues, Charles Griesinger, Alain Jenner et moi-même, les données confidentielles qui vont nous permettre aujourd'hui de vous présenter les résultats de nos travaux.

Nous allons vous montrer comment, à partir de trois échantillons de population pris dans les archives des assurés de l'Alt-Züricher et de ses filiales, nous avons pu construire de nouveaux modèles de réflexion, en relation avec le mode de vie des habitants de Suisse, de la République Fédérale d'Allemagne et du Royaume-Uni.

Je tiens à signaler que toutes les études qui vont suivre ont été réalisées sur des échantillons d'au moins 1000 personnes dont l'anonymat a été scrupuleusement respecté et à l'identification desquelles nous n'avons eu accès que sous la forme suivante : CH, suivi d'un numéro de 1 à 1000 pour les ressortissants Suisses, UK et RFA pour les autres.

Nous sommes conscients de la limite de nos modèles, restreints du fait de la diversité et du nombre des données à traiter. Cependant, mes deux collègues et moi-même, avons réuni nos différentes compétences afin de vous montrer ce que l'on peut tirer d'une approche réunissant la physique, la médecine, les mathématiques et dont la conclusion nous sera apportée par la philosophie…

Pourrais-je avoir la première diapositive, s'il vous plaît ? »

Oliver était littéralement fasciné par la maîtrise avec laquelle Samantha présentait les résultats de ces quatre mois de stage.

Ce matin encore, elle était morte de peur à l'idée de parler en public et pour la rassurer, il n'avait rien trouvé de mieux à lui dire que :
« Mais tu vas voir, mon cœur, ce n'est qu'une formalité ! »
Ce qui lui avait valu un regard meurtrier lui rappelant des souvenirs qu'il croyait appartenir au passé.

Il l'avait aidée à corriger les fautes ou les maladresses dues à son manque d'expérience en allemand, lorsqu'elle lui avait dit vouloir faire cet exposé non pas en anglais, mais dans la langue du pays qui les avait accueillis.

Samantha de son côté, lui avait fait répéter plusieurs fois son propre texte sur sa présentation de la fondation, car ils savaient tous les deux qu'il fallait s'attendre à des questions délicates, ou même malveillantes.

Oliver regarda sa voisine et s'aperçut que Diana louchait ouvertement sur l'homme brun bouclé dans le style beau ténébreux que Sam leur avait présenté comme le professeur Smyslowsky. Il sourit en lui-même, car depuis qu'il la connaissait, elle n'avait encore jamais montré le moindre intérêt pour le genre masculin...

Le beau brun, en revanche, dévorait *sa femme* des yeux sans aucune gêne, ce qui l'irrita profondément.

Il reprit alors distraitement le fil d'un discours qu'il connaissait déjà presque par cœur.

Peter Ogilvie était à la fois très fier de sa fille et rassuré par l'issue positive qu'avait fini par prendre ce *Praktikum*[8] tant décrié ; il sentit la main de sa femme se crisper dans la sienne lui montrant ainsi qu'elle partageait son émotion.

De son côté, Evan semblait aussi captivé que Mitia par l'exposé de sa sœur.

Smyslowsky n'aurait voulu rater pour rien au monde la toute première prestation scientifique de sa filleule...

« Je vais maintenant conclure cette présentation en remerciant à la fois mes collègues qui ont accepté que je présente notre travail commun : les docteurs Charles Griesinger pour toutes les analyses des profils médicaux et Alain Jenner pour l'élaboration des modèles de corrélation, ainsi que Messieurs Rolf Günther pour la sélection des données auxquelles nous avons eu accès et enfin le docteur Schrödinger qui a inlassablement relu et corrigé le texte allemand de notre exposé.

Mesdames et messieurs nous sommes à votre disposition pour toutes questions... »

Le reste se perdit dans le vacarme de l'assemblée dont les membres couvrirent la voix de la jeune

---

[8] *Stage pratique.*

femme en tapant vigoureusement du poing sur le bord de leurs sièges, marquant ainsi leur enthousiasme.

Kurt Werthi la rejoignit sur l'estrade et la félicita chaleureusement, cette fois-ci en y mettant toutes les formes :

« Docteur Samantha Ogilvie, un grand merci pour ce compte-rendu ambitieux. Malgré votre jeune âge, vous alliez avec une grande maîtrise le charme et l'intelligence que l'on est en droit d'attendre d'une chercheuse avertie. »

La jeune femme s'empourpra sous le compliment, heureusement, le tumulte s'apaisant, le professeur put poser la première question :

- Si je puis me permettre d'extrapoler les conclusions de vos études, il me semble avoir compris que depuis l'époque des Grecs ou même encore en remontant plus loin, nous n'avons pas fait beaucoup de progrès autres que techniques et que si l'on retire les grands fléaux de l'humanité tels les guerres, les pandémies en tout genre et les accidents climatiques, nous sommes tout à fait les mêmes personnes qu'il y a disons... 5000 ans ! Et notre longévité actuelle ne serait que factice, c'est bien cela ?

- L'extrapolation me paraît un peu hasardeuse face au manque intrinsèque de données, lui répondit Sam, mais c'est ce que nous avons pu constater dans cette première étude... mais vous parliez des Grecs, il faut avouer qu'affiner ces résultats demanderait un travail de Romain.

L'assemblée se mit à rire de la répartie de Samantha qui continua néanmoins sur sa lancée :

- Ce qui nous a paru intéressant de montrer, c'est que la durée de vie - à quelques exceptions près - paraît dépendre en premier lieu de l'intérêt qu'on lui porte et les paramètres récurrents sont : l'hygiène, l'instruction et la conscience de soi qui permet de se projeter dans l'avenir.

Le professeur Smyslowsky leva la main pour intervenir :

- Je dois renchérir sur le fait que toutes les études comportementales ont abouti à des conclusions du même type... à l'immense et incroyable capacité qu'a l'être humain de s'adapter à son environnement tant physique que métaphysique ; le guerrier de la phalange d'Alexandre le Grand avait ou a eu exactement les mêmes problèmes existentiels que le Poilu de la guerre de 14-18 ou le Kamikaze japonais de la seconde guerre mondiale... Vous leur retirez le facteur risque et leur longévité s'accroît bien sûr, mais souvent dans des proportions bien supérieures à celle de la personne qui n'a pas vécu, ou plutôt, survécu à la même expérience ; de la même manière vous assainissez la ville de Katmandou et le taux de mortalité chutera d'autant, car n'oublions pas qu'au Népal la moyenne de vie de nos jours n'est que de 30 à 35 ans...

- Ah non, Smyslowsky, s'écria Kurt Werthi, je vous vois venir avec vos théories. Il vous suffit de regarder quelqu'un dans le blanc des yeux pour prétendre savoir tout son passé !

- C'est presque ça, répondit celui-ci...

Samantha s'interposa avant que le débat ne devienne trop passionné. Les deux scientifiques aimaient bien pratiquer la *disputatio* mais, entre les cartésiens dont Werthi était un exemple frappant et les cognitifs dont les Russes étaient les meilleurs représentants, le débat pouvait durer des heures... ou des jours !

- Y a-t-il des questions scientifiques plus pragmatiques ? S'enquit-elle.

Le professeur Irina Barinkova se tourna alors vers Alain Jenner :
- Les suites mathématiques que vous avez utilisées pour élaborer vos modèles ont été développées par quelle école ?

Le débat continua ainsi une dizaine de minutes avant que Sam puisse rejoindre sa place. Oliver lui pressa le bras pour lui exprimer sa fierté.
Diana la regarda totalement déconcertée :
- Mais c'est vraiment le professeur Smyslowsky ? Comment tu le savais ?
Samantha lui répondit le plus simplement possible :
- C'est mon parrain... et il met toujours la photo de son père, l'ex-maréchal Boris Holstom-Smyslowsky[9], sur ses livres pour énerver les Soviétiques !

La matinée continua avec les interventions des autres stagiaires, mais la jeune femme se sentait épuisée et elle avait beaucoup de mal à se concentrer sur les sujets qui s'enchaînaient trop vite à son goût. Elle serrait la main d'Oliver pour se rassurer et refit un peu surface lors des interventions du professeur Barinkova sur l'application des mathématiques en sciences humaines et celle du professeur Philip Durell sur les prémices de l'intelligence artificielle.

---

[9] *Commandant de la première armée nationale russe, 1944-45.*

Lorsque Werthi remonta en chaire pour annoncer la présentation des statuts de la fondation Li-Ann Ogilvie, un silence pesant se fit dans la salle.

« Je vous propose maintenant d'entendre de quelle manière tous ces sujets de recherche vont pouvoir être regroupés au sein d'une nouvelle unité de recherche dirigée par mon ancien et brillant étudiant, Oliver Schrödinger...

Celui-ci a déjà derrière lui non seulement une belle carrière scientifique, mais également la création d'un institut de recherches appliquées à Leningrad en partenariat avec l'école polytechnique de Zürich ; le professeur Barinkova que vous venez d'entendre, en est l'une des meilleures représentantes.

Mon garç...hum, Docteur Schrödinger, c'est à vous ! »

En quelques mots, Werthi avait clairement expliqué les raisons du choix d'Oliver pour ce poste, faisant taire ainsi toutes les rumeurs.

Avant de monter sur l'estrade, il croisa le sourire sarcastique d'Anton Günther...

- Eh bien, il y en a au moins un qui a reçu le message cinq sur cinq. Et on ne peut quand même pas m'accuser d'avoir couché avec Kurt ! Bon sang, pensa-t-il, je sais ce que je vaux, ce qui est de mes compétences, mais il y a aussi une chose dont je suis sûr, c'est que je ne suis pas fait pour la politique... et je commence seulement à comprendre pourquoi ce cher professeur voulait absolument que je prépare mon Habilitation !

Schrödinger regarda les visages curieux tournés vers lui et, penché vers son auditoire, les deux bras fermement ancrés sur la table, il attaqua :

« Je me doute que le nombre d'informations que nous avons enregistrées depuis ce matin commence à peser sur notre concentration ; j'essaierai donc d'être le plus bref et clair possible, afin que nous puissions tous profiter du buffet qui nous attend dans la pièce voisine !

Lorsque l'on m'a chargé, il y a maintenant plus de deux ans, de définir les statuts d'une nouvelle unité de recherche, je ne pensais pas que ma vie en serait aussi radicalement transformée… »

Il passa outre les divers ricanements de la salle et continua avec un regard vers son beau-père dont les yeux luisaient d'un rire contenu.

« Je rentrais d'U.R.S.S, continua-t-il, où j'avais été mandaté par le Polytechnikum de Zürich afin d'établir des échanges entre cette école et l'université de Leningrad…

En collaboration avec le professeur Barinkova et son époux, le professeur Andreï Gradov, nous avons créé un institut de recherche appliquée donnant la possibilité à des étudiants de troisième cycle de poursuivre leurs projets, financés par des bourses d'études provenant d'universités de la communauté européenne ainsi que d'entreprises privées intéressées par ce type de partenariat leur permettant d'entrer sur le marché russe…

Et c'est sur ce modèle, en accord avec l'Alt-Züricher et ses membres fondateurs, que j'ai élaboré les statuts de cette nouvelle unité de recherche dédiée à Madame Li-Ann Ogilvie par deux de ses enfants :

Monsieur Evan Ogilvie, Ingénieur des Ponts et Chaussées et sa sœur, le Docteur Samantha Schrödinger... »

Oliver continua son exposé en précisant que la direction scientifique serait confiée à trois représentants, deux Européens dont les nominations seraient connues dans les prochains jours et une Russe, le professeur Irina Barinkova ici présente.
Les professeurs Smyslowsky et Werthi interviendraient comme consultants.

Quelques minutes plus tard, Oliver terminait son intervention en précisant que ses fonctions seraient essentiellement de nature administrative et qu'il serait amené à promouvoir la fondation à l'étranger.

En montant le rejoindre sur l'estrade, le président-directeur-général lui serra chaleureusement la main et lui glissa à l'oreille :
- Pardonnez-moi d'avoir douté de vos compétences, Schrödinger, cet exposé était vraiment très brillant !
Il continua en se tournant vers l'assemblée :
« Eh bien, Mesdames et Messieurs, je crois que notre matinée a été particulièrement bien remplie...
Je suis heureux de constater que les projets qui nous ont été présentés démontrent le grand dynamisme de notre société et je pense qu'avec la prochaine présidence de notre collègue Werner Hoffmann, les choses ne peuvent que continuer dans cette voie.
Mais maintenant, je vous invite tous à partager le buffet promis par le docteur Schrödinger, durant lequel nous pourrons continuer à échanger nos diverses opinions sur les interventions de nos conférenciers que je voudrais encore remercier pour leur coopération. »

Chapitre IX

Samantha s'approcha de son époux :
- Tu as été génial ! S'écria-t-elle.
- Merci, ma chérie... Je pense qu'au début, j'avais vraiment peur de me faire démolir par une partie de l'assemblée.

Diana félicita également Oliver avec beaucoup de chaleur :
- Tu dois être dans l'urgence pour être aussi performant, lui demanda-t-elle ?

Samantha les interrompit :
- Il faut vraiment que je vous présente à Mitia, pardon, au professeur Smyslowsky, tous les deux.

Elle les entraîna vers le groupe qui s'était formé autour des Ogilvie, leurs épouses respectives et les présidents actuel et futur. Tous semblaient plongés dans une discussion animée.

- Ah, ma chérie, s'exclama Mitia venant à leur rencontre en apercevant sa filleule, tu es toujours aussi merveilleuse... et le jeune homme à tes côtés qui me regarde de façon aussi hostile serait-il, ton époux, par hasard ?

Samantha lui présenta Oliver et Diana mais Mitia suivait son idée, se tournant vers Schrödinger il continua :
- Saviez-vous, mon cher, que Sammie m'était destinée ? C'était le vœu le plus cher de sa grand-mère... Mais son cher fils - lord Peter ici présent - a toujours eu des idées très arrêtées sur les chances de réussite

d'un couple et, d'après lui, un élément modérateur est absolument indispensable...
- Oh ! Et depuis cette histoire où tu m'as ridiculisée, tu sais bien que je te déteste ! S'écria Sam en riant.
- Quelle histoire ? Voulurent savoir ses deux compagnons.
Smyslowsky se déroba en disant :
- C'est une très longue histoire et je l'ai résumée dans le cadeau que j'ai apporté aux jeunes mariés, mais il vous faudra patienter jusqu'à ce soir, ajouta-t-il avec un sourire mystérieux.
Il se tourna alors vers Diana Schneider et sembla l'observer avec beaucoup d'intérêt.
- Il me semble que Peter Ogilvie m'a promis une jeune et jolie collaboratrice si j'acceptais d'être consultant dans sa nouvelle entreprise... Seriez-vous la brillante responsable des relations humaines ?
Diana se mit à rougir comme une gamine de quinze ans, mais parvint quand même à répondre :
- Professeur Smyslowsky, je ne vous voyais pas du tout comme cela.
- Ma chère enfant, lui répondit-il avec un sourire enjôleur, appelez-moi Mitia comme tout le monde !
Piquée au vif et malgré le trouble qu'exerçaient sur elle ces yeux d'un brun profond, elle répliqua :
- Mais très volontiers, Tonton Mitia !
Les docteurs Ogilvie et Schrödinger éclatèrent de rire.

S'approchant d'eux, le reste de la famille Ogilvie voulut connaître la raison de cette hilarité.
- Tu es encore en train de te rendre impossible Dimitri, lui demanda Peter ?

- Ma foi non, mais je trouve toute cette jeunesse peu indulgente, je dois dire…
- Je te disais qu'il fallait que tu sortes un peu de tes murs ténébreux, Mitia ; pourquoi crois-tu que je t'ai fait venir ?

Samantha les abandonna pour aller chercher des boissons et lorsqu'elle s'approcha du buffet, elle fut accostée par Julia Brenner.

Instinctivement, la jeune femme se raidit.

- Alors, c'est la grande victoire de la fille à papa aujourd'hui, commença Julia d'un ton légèrement acide. Tout vous réussit lorsque l'on vient du bon endroit, n'est-ce pas ? Mais je te préviens, ton Oliver est un vrai cavaleur, il n'a jamais su résister à un jupon. Il y a des hommes qui ont ça dans le sang et qui feraient n'importe quoi pour monter dans l'échelle sociale !

Sammie serra les dents et sentant les larmes lui monter aux yeux, elle répliqua pourtant, le plus calmement possible :

- Je pense que vous devez parler pour vous, mon époux est tout sauf opportuniste.

L'ancienne secrétaire du président Günther eut un rire de gorge qui la rendit encore plus antipathique à la jeune femme.

Se retournant pour chercher son épouse des yeux, le nouveau président de la fondation sentit le danger lorsqu'il vit Julia Brenner s'approcher d'elle.

Son beau-père avait suivi son regard et compris lui aussi la situation :

- Laissez, Oliver, de toute façon il faut que l'on s'occupe d'elle, puis se tournant vers Diana :

- Mademoiselle Schneider, nous avons du travail...
Il lui indiqua du menton les deux jeunes femmes près du buffet.
- Tout de suite, Monsieur, je vais chercher le dossier.
Se retournant vers son gendre, Ogilvie ajouta :
- Je vous envoie Sam et on se retrouve plus tard à la villa comme prévu.

Smyslowsky, qui avait suivi la conversation sans comprendre, tourna la tête vers Evan.
- Que se passe-t-il ?
- Oh, rien que de très courant, une société de courtage qui a malheureusement trop joué en bourse, essaie de se refaire une bonne santé financière en mettant la main sur l'entreprise.
Oliver intervint :
- Alors, je ne m'étais pas trompé ?
- Non, vous aviez même vu très juste, précisa-t-il.
Le marquis continua :
« La dénommée Julia Brenner fait partie d'un cabinet de recrutement international et elle s'est fait embaucher en même temps que vous pour faire élire un président de chez eux... Monsieur Bermel avait déjà commencé à faire des transferts importants sur les fonds alloués à la fondation ; c'est pour cela que le projet n'avançait plus. »

Il fut interrompu dans ses explications par le retour de Sam qui tentait tant bien que mal de faire bonne figure.
Elle se serra contre son époux en lui demandant :
- Tu trouves que je suis une fille à papa, gâtée pourrie ?

- Non mon cœur, tu es une merveilleuse jeune femme qui excite bien des convoitises, répondit-il en l'attirant vers lui, afin de la serrer plus fort contre sa poitrine et je t'aime, lui murmura-t-il en l'embrassant sur le front.
- Ollie, je voudrais que tu me promettes que nous aurons une vie tout à fait normale…

Evan et Mitia eurent simultanément un haut-le-cœur et s'écrièrent :
- Oh, mais quelle horreur !

Danaëlle intervint :
- Tu rencontreras toujours des gens jaloux Ladylein, alors continue comme tu l'as toujours fait, ignore-les, même si cela te blesse malgré tout à chaque fois.

Un peu rassurée, la jeune femme leur répondit :
- Bon, eh bien moi, je vais saluer les deux autres membres du trio et basta ! Nous nous retrouvons cet après-midi ?

Dimitri Smyslowsky se tourna vers Oliver et lui demanda :
- Auriez-vous la bonté de venir féliciter avec moi le professeur Barinkova ?

Un peu étonné, Schrödinger le suivit.

Irina était en grande conversation avec Anton Günther et Kurt Werthi ; lorsqu'elle vit s'approcher les deux hommes, son attitude changea sensiblement, elle semblait sur ses gardes.

Smyslowsky attaqua sans prévenir :
- Bonjour, colonel Barinkova Gradovna, comment se porte votre cher père ?

Les trois hommes restèrent pétrifiés par la violence de la question.

Irina Barinkova resta très maîtresse d'elle-même :

- Je m'attendais à notre rencontre lorsque j'ai vu votre nom dans la liste des membres de la fondation, vicomte Dimitri Andreï Holstom-Smyslowsky...
La jeune femme parlait un allemand parfait avec un soupçon d'accent russe.
Elle continua, regardant Mitia droit dans les yeux.
- Mais nous autres *Russes* n'avons pas d'autre choix que d'aller de l'avant en oubliant les erreurs de nos aînés...
- Je suis heureux de compter parmi les *erreurs* qui ont eu la chance de survivre à vos méthodes de persuasion continua le professeur sur le même ton.
Oliver et Kurt Werthi se demandaient comment intervenir dans cet échange verbal qui allait droit à l'esclandre ; cependant le président Günther semblait très intéressé par l'information selon laquelle Irina Barinkova faisait partie de l'armée russe.
- En tant que président de la fondation, s'interposa Oliver, j'ai choisi le professeur Barinkova pour ses compétences et sa capacité à travailler en équipe...
- Oh, je n'en doute pas, le rassura Mitia, les *Soviétiques,* savez-vous, travaillent toujours en équipe, ils ont l'instinct grégaire très développé.
Werthi explosa:
- Smyslowsky, vous êtes un homme de science, cela devrait vous éviter de tomber dans le piège du ressentiment. Personne n'est responsable des actes de ses parents, aussi horribles soient-ils !
Le professeur regarda Kurt et sembla réfléchir :
- Pardonnez-moi, professeur Barinkova Gradovna, je me suis laissé emporter ; mais tant qu'il y aura des *Russes* et des *citoyens de l'Union Soviétique* nous ne pourrons guère avancer...
La jeune femme reprit la conversation :

- Mon père m'a chargée de vous dire qu'il regrettait profondément ce qui s'est passé il y a des années, mais vous étiez entré de façon illégale sur le territoire de notre pays et il n'a pu réagir aussi vite qu'il l'aurait voulu.

Mitia voulut l'interrompre mais elle continua :
- Il m'a assuré également que vos sœurs n'ont jamais été détenues en Union Soviétique et qu'il faut que vous cherchiez dans l'entourage de votre mère pour comprendre leur disparition.

Le professeur sembla ébranlé par cette affirmation.

Schrödinger, Günther et Werthi suivaient cet échange verbal musclé, bouche bée. Ils comprenaient que les griefs des deux protagonistes étaient très sérieux, mais ils n'avaient absolument aucune idée de la raison de la colère de Smyslowsky.

Anton Günther prit la parole :
- Je pense qu'il nous faut laisser de côté nos divergences et se concentrer sur ce qui peut nous rapprocher ; cependant, Schrödinger, la fondation Li-Ann Ogilvie ne doit pas devenir la cour de récréation du K.G.B...
- Je me porte garant de la probité du professeur Barinkova ainsi que de celle de son époux. J'ai travaillé avec eux pendant plusieurs années.

Günther s'adressa à Irina :
- Comment pouvons-nous être sûrs que vous ne subirez aucune pression ?

Ce fut Smyslowsky qui répondit :
- Oh, vous pouvez être tranquille, Monsieur le président, la famille du professeur fait partie de l'élite militaire et scientifique de la société moscovite...

Frappée de voir l'animosité qui régnait dans le groupe, Samantha s'approcha.
- Que se passe-t-il ? Voulut-elle savoir.
- Rien ma chérie, lui répondit Mitia, oubliant les convenances.

Il se reprit et sourit à sa filleule :
- Ce sont de vieilles histoires et je ne voudrais pas qu'elles provoquent de futures difficultés dans la bonne marche de l'institut. Bien, maintenant je vais rejoindre le reste de la famille, dit-il en s'éloignant.

Sam regarda les trois hommes d'un air interrogateur mais ils levèrent les épaules en signe d'impuissance.

Günther et Werthi les quittèrent aussi, prétextant quelques problèmes à régler, puis Oliver s'adressa à son ex-collègue :
- Irina, je suis profondément désolé pour ce qui vient de se passer. Je n'avais aucune idée des évènements passés, et je ne connaissais pas encore le professeur Smyslowsky...

La jeune femme lui répondit avec un certain détachement :
- Il y aura toujours des gens qui pensent que dans leurs veines coule un sang plus russe que celui des autres. Le père de votre Mitia est considéré comme un traître en Union Soviétique, en revanche, son fils est un grand personnage... Si je puis me permettre, dit-elle en se tournant vers Samantha, il fut avec votre père, l'un des plus grands espions de l'après-guerre !
- Mon père était diplomate, s'indigna la jeune femme !
- C'est tout à fait vrai, reprit Irina en souriant : nom de code, Dunvegan. Il a travaillé pendant des années au Moyen-Orient, notamment en Syrie, puis, lorsqu'il

s'est retiré en Ecosse après le décès de votre mère, Dimitri Smyslowsky - son petit camarade à Eton - a pris sa place au service secret de sa Majesté... avec son précieux sang *russe* !

Oliver et Samantha regardaient le professeur Barinkova comme une extra-terrestre. Avec l'air dégoûté qu'elle affichait après avoir prononcé ces derniers mots, ils s'attendaient presque à la voir cracher par terre !

Schrödinger réussit à reprendre la parole calmement :

- Eh bien, je pense que dans notre intérêt commun, je vais devoir choisir avec la plus grande prudence nos futurs sujets de recherche...

- Non, le rassura Irina, le président Günther avait tout à fait raison tout à l'heure, nous devons concentrer nos efforts sur ce qui nous réunit. Le passé est le passé, pour sortir de notre isolement, nous avons besoin de projets tels que ceux que nous offre cette nouvelle fondation ; si nous apprenons à travailler ensemble dans une confiance réciproque... ajouta-t-elle avec un petit sourire, nous ouvrirons de nouvelles portes. Elle regarda Oliver avec ferveur :

- Te rappelles-tu le travail que nous avons accompli à Leningrad, la grande valeur de nos étudiants malgré l'indigence des moyens alloués à la recherche appliquée ? Nous sommes d'excellents théoriciens mais toute la technologie moderne nous fait défaut ; tout ce qu'il vous paraît évident de trouver dans un laboratoire nous manque !

Oliver hocha la tête :

- Tu as raison, Irina, les calculs d'Andreï nous ont fait gagner beaucoup de temps à l'époque, mais vos projets en chimie, en physique et en médecine sont au point mort parce que votre analytique date du Moyen-Âge...

Samantha prit part à son tour à la conversation :
- Ce matin, j'ai trouvé votre exposé extrêmement intéressant et j'aimerais travailler avec quelqu'un de votre valeur ; je suis sûre qu'Alain Jenner ferait des étincelles dans votre équipe, mais... savez-vous si vous pourrez vous entendre un jour avec le professeur Smyslowsky ?

Irina se mit à rire :
- C'est plutôt à lui de le savoir, moi, je fais partie de la nouvelle génération !

Schrödinger jeta un coup d'œil à sa montre :
- Il est presque deux heures, si nous voulons être à l'aéroport dans trente minutes, il faut y aller maintenant. Tu es sûre de ne pas pouvoir rester plus longtemps ?
- Non, je dois être à Moscou ce soir, Andreï a beaucoup de travail à l'Institut.

*

Dans la voiture roulant en direction de *Schöne Aussicht* où devait se tenir le dîner, le silence régnait.

Samantha et Oliver réfléchissaient aux événements de la matinée.

Puis, la jeune femme s'étira et prit la parole :
- Franchement, je me sens plutôt épuisée avec toutes ces histoires, mais je me réjouis à l'idée de retrouver mon frère et Esther. Je trouve aussi que Danaëlle a bien fait d'inviter Diana à passer le week-end chez eux.
- Tu te réjouis aussi de retrouver ton cher parrain ?

Samantha tourna la tête vers son époux et répondit :
- Je ne comprends pas ce qui s'est passé. C'est toi qui as choisi les conférenciers et mon père ne t'a rien dit, non ?
- Il y a quelque chose qui cloche dans cette histoire et cela me préoccupe... Ton père ne fait jamais les choses au hasard ; tu ne savais vraiment rien de leurs rôles d'espions ?
Sam réfléchit puis continua :
- Je me rappelle seulement qu'une fois mon père est allé récupérer Mitia de l'autre côté du Rideau de fer. Il avait été fait prisonnier et, la jeune femme s'arrêta quelques secondes avant de poursuivre :
- Il a fait plusieurs tentatives de suicide lorsque mon père l'a ramené à Kinloch-Abbey. Nous devions le surveiller sans arrêt ; il ne devait jamais rester tout seul, et cela a duré longtemps, du moins dans mon souvenir... Puis, sa mère est venue le retrouver chez nous et quelque temps après, il est rentré avec elle en Argentine.
- En Argentine ? Mais pourquoi ? S'exclama Oliver.
- Ta Barinkova te l'a dit... Son père est considéré comme un traître et il ne pouvait pas risquer de rentrer en Europe officiellement.
Schrödinger lança un regard de biais à sa femme.
- Ma Barinkova ? Tu es jalouse, Sam ? Cela ne te ressemble pas pourtant.
- Non, mais je suis simplement fatiguée de tout ce que j'ai appris. Je suis profondément attachée à mon parrain ; il fait partie de mon histoire. Aaahh ! Je me rappelle maintenant. Je m'étais encore réveillée la nuit au château et j'avais trouvé Mitia plein de sang dans sa chambre...

J'ai couru chercher mon père et après, je ne me souviens plus de rien, sauf qu'il ne fallait pas le laisser tout seul…
- Et tu avais quel âge ? S'inquiéta son mari.
- Je ne sais plus, mais c'était avant que Danaëlle n'habite au château. Ollie… ce matin Julia Brenner m'a dit que tu étais un cavaleur… Cela veut dire que vous avez couché ensemble ?

Schrödinger sentit sa gorge se nouer. Il se doutait bien que Julia ne partirait pas sans avoir fait un maximum de dégâts. Il prit son courage à deux mains :
- Oui, mais c'était avant toi et je n'en suis pas particulièrement fier.
- Comment peut-on coucher avec une femme comme elle ?
- Je suis désolé Sam, mais j'ai du mal à être génial tous les jours !

La jeune femme rit en regardant son époux. Elle éprouvait un certain soulagement qu'elle ne voulut pas s'avouer.
- Je voulais juste savoir, mais en fait, il y a un autre problème, enfin plutôt une découverte que j'ai faite ce matin…
- Oui mon amour ? Répondit Oliver, ravi de changer de sujet.

Sammie continua :
- Tu sais que j'étais morte de peur à cause de mon exposé, et généralement, quand j'ai quelque chose de vraiment important genre examen, concert, match de tennis… C'est toujours à ce moment-là que je suis indisposée…

Réprimant un juron, Oliver freina d'un seul coup, calculant mentalement depuis quand il faisait l'amour

avec Sam. Il se rangea sur le bas-côté et, après avoir respiré profondément, se tourna vers sa compagne :
- Tu, tu crois ?... Parvint-il à dire ; nous avions dit qu'il fallait que nous en parlions.
- Je n'en suis pas encore sûre... mais, je suis ravie à l'idée de ce qui va m'être épargné tous les mois, si c'est bien le cas. Tu es en colère ?
- Non pas du tout, lui répondit-il en la prenant dans ses bras ; mais c'est peut-être un peu tôt pour toi, non ?
- Depuis notre retour de Paris, nous n'avons pas eu vraiment le temps de parler d'autre chose que de la fondation et de nos exposés ; mais par contre, la nuit, nous avons agi de façon exponentielle...
Il serra la jeune femme contre lui et l'embrassa ; il se sentait d'un seul coup beaucoup plus léger, les soucis de la matinée avaient fait place à un profond sentiment de plénitude...
Samantha l'embrassa à son tour et dit :
- Nous n'en parlons à personne avant trois mois, d'accord ?
Le sourire de son époux la fit fondre et ils reprirent le chemin de la demeure de ses parents.

*
* *
*

Chapitre X

La réception dans la demeure des Ogilvie était fastueuse et, après quelques coupes de champagne, Diana se sentit tout à fait à son aise.

L'invitation de Lord Peter et son épouse l'avait un peu déroutée et elle avait voulu d'abord la refuser. Mais son employeur avait su lui présenter les choses de telle façon qu'elle pouvait y voir une réunion de travail tardive...

Tous les membres actifs de la future fondation seraient présents, lui avait-il assuré.

La jeune femme ne regrettait pas sa décision, surtout après l'épisode traumatisant avec Julia Brenner. Elle avait besoin de se changer les idées, de toute urgence !

Jamais Diana n'aurait pensé que Peter Ogilvie puisse être aussi tranchant.

Elle avait été déroutée par la façon d'agir très directe de son supérieur et comprenait mieux maintenant ce qui faisait sa force.

Lorsqu'elle l'avait rejoint près du buffet, quelques minutes après l'avoir quitté si... civilisé, le visage de son interlocutrice était blême.

« dans ces circonstances, vous comprendrez donc Mademoiselle Brenner, lui disait-il, que non seulement, vous allez quitter ces lieux sans tarder, avec l'interdiction absolue d'y revenir pour quelque motif que ce soit, mais aussi que vous resterez à la disposition de notre avocat, maître Dufour, pour la procédure que nous avons engagée contre votre personne et le cabinet *Erfolg-und-Partnerschaft*[10] auquel vous avez divulgué des informations confidentielles concernant l'Alt-Züricher... »

Devant le ton et le visage de marbre du père de Samantha, la jeune femme se décomposait littéralement et Diana en eut l'estomac noué pour elle.

Ogilvie se tourna vers sa directrice des relations humaines :

« Mademoiselle Schneider ici présente va vous remettre les documents faisant foi de notre accusation, ainsi qu'une lettre de licenciement pour faute grave ; je pense que vous aurez quelques problèmes pour retrouver un emploi dans ces conditions et que cela vous aidera peut-être à réfléchir à votre future carrière... »

Le regard de Julia Brenner s'attarda sur Diana et celle-ci frissonna devant la haine qu'elle lut dans les yeux de son ex-collègue.

*

- Oh, mais vous avez l'air bien pensive et je dirai presque un peu triste, Mademoiselle Schneider.

Diana sursauta en voyant subitement le visage du professeur Smyslowsky se matérialiser devant elle.

- La façon dont Dunvegan règle ses comptes vous aurait-elle choquée ? Continua-t-il. Ne vous inquiétez surtout pas, c'est un tueur, mais je suis là !

---

[10] « Succès et *Partenariat* »

La jeune femme lui rendit un sourire un peu contraint et s'étonna en même temps du regard soucieux qu'il posait sur elle.
- Je ne suis pas choquée, lui répondit-elle, mais en tant que responsable du personnel, je cherche plutôt à arranger les choses... c'est plus dans ma nature.
- Et, d'après vous, y avait-il quelque chose d'autre à faire ?

Diana secoua la tête négativement :
- Malheureusement, je ne crois pas ; déjà il y a trois ans, j'avais refusé la candidature de Julia mais pour des raisons différentes.
- Ou peut-être pour des raisons que vous croyiez différentes... Mais je suis pratiquement sûr que si vous vous rejouez la scène de votre premier entretien avec cette personne, vous comprendrez les raisons de votre décision.

Diana leva les yeux vers lui et d'un air inquisiteur lui posa la question suivante :
- Vous savez vraiment toujours tout, professeur ?
- Absolument pas ! Se défendit-il, mais j'ai une confiance sans limite en ce qui concerne notre lord Peter. Il a une profonde connaissance du genre humain et n'agit jamais de manière injuste ou impulsive ; il en est tout simplement incapable. Sa façon de faire vous a peut-être paru brutale, mais dans certaines circonstances, c'est la meilleure chose à faire. Votre collègue s'en sortira plus facilement si elle sait exactement ce qu'on lui reproche et quelle est sa propre responsabilité ou culpabilité dans cette affaire.
- Que voulez-vous dire ?

Mitia sembla réfléchir à la réponse à apporter mais Diana l'interrompit:

- Je crois que je comprends... Il y a toujours eu chez elle, en effet, quelque chose qui me posait problème, sans que je sache vraiment pourquoi.
- Vous voyez ! Mais nous pourrons reparler de tout cela plus tard car en fait, j'étais venu vous dire que notre hôtesse nous prie de passer à table.
- Oh ! Pardonnez-moi, j'étais perdue dans mes pensées, s'exclama la jeune femme...
- Des pensées pas trop agréables apparemment.

Smyslowsky lui tendit le bras pour l'inviter à le suivre. Elle le prit avec joie et s'étonna elle-même de cette familiarité. Cela devait tenir au fait qu'elle avait lu tous ses livres...
Diana se félicita également d'avoir pris le temps de s'offrir une nouvelle robe. D'accord, elle y avait mis plus que son treizième mois mais c'était quand même moins embarrassant que de se faire prêter une tenue de soirée par son hôtesse !

Dimitri la conduisit dans la salle à manger, une pièce qu'elle n'avait fait qu'entrevoir lors de sa dernière visite.
Le couvert était dressé de façon somptueusement... simple ! Nappe blanche damassée, argenterie fraîchement astiquée, porcelaine de Limoges au léger filet vert et or, verrerie et chandeliers étincelants, tout semblait sortir d'un roman de Jane Austen.
Les bougies, relayées par des appliques murales en cristal, donnaient une lumière chaleureuse à la pièce et à travers les portes fenêtres, on pouvait profiter de l'éclairage du parc.

Monsieur Finch-Hatton plaçait les convives avec une lenteur étudiée et elle ne fut qu'à moitié surprise de se retrouver à la droite de... Mitia !

Ils étaient dix, les membres fondateurs ou le conseil restreint - comme l'avait surnommé son employeur - ainsi que leurs épouses respectives.

A la droite de lord Peter se trouvait Danaëlle très belle dans une robe de soie verte, les cheveux relevés en un chignon qui laissait échapper quelques mèches, mettant ainsi son port de tête en valeur.

A sa droite étaient assis Oliver et Samantha. Tous deux avaient également pris le temps de se changer et c'était la première fois que Diana les voyait à la fois en tenue de soirée et en famille. Son amie, dans une robe couleur pêche au décolleté en goutte d'eau était ravissante, gracieuse et légère comme un elfe qui aurait troqué ses oreilles en pointes contre des yeux en amande... Son époux, en costume sombre, était très attentif à sa compagne. Le libertin repenti dans toute sa splendeur, pensa-t-elle, souriant intérieurement au souvenir de son collègue quelques mois auparavant !

A la gauche du maître de maison, la femme du professeur Werthi, Iris, était assise à côté de son époux. Puis venaient la marquise et le marquis de Kinloch, Esther et Evan, à côté duquel Diana avait été placée.

Le jeune homme, du même âge qu'Oliver, ressemblait étonnamment à son père et - comme chez sa sœur - ses yeux légèrement bridés, lui donnaient cet air espiègle qui faisait fondre son entourage.

Malgré la beauté du décor qui l'entourait et la qualité de ses hôtes, la jeune femme ne se sentait aucunement intimidée ; elle se demandait si c'était à mettre sur le compte du champagne ou, tout simplement, de la simplicité des autres convives.

Cette invitation qui l'avait un peu étonnée, elle l'appréciait maintenant à sa juste valeur. Etait-ce son amitié avec Samantha ou le travail de Romain qu'elle avait fourni ces dernières semaines qui l'avait motivée ? Elle n'aurait su le dire. La sensation étrange de faire partie de cette drôle de famille était très forte et la jeune directrice des relations humaines se demandait ce que son employeur avait derrière la tête…

Il lui avait simplement dit que son épouse et lui-même se faisaient une joie de pouvoir faire plus ample connaissance avec elle, au cours de ces deux jours.

Danaëlle l'avait d'ailleurs accueillie avec chaleur à leur retour de la conférence. Elle l'avait personnellement accompagnée jusqu'à sa chambre, au premier étage, lui demandant de l'avertir au cas où il lui manquerait la moindre chose.

Lorsqu'elle était redescendue, un peu timidement, dans sa nouvelle robe, Samantha et Oliver venaient d'arriver et le sifflement admiratif de son collègue l'avait rassurée sur son apparence.

« Tu es tout simplement magnifique, Diana, lui avait-il dit en s'inclinant devant elle.
- Méfie-toi de lui, ajouta Sam, Julia m'a dit que c'était un coureur de jupons !
- Le prochain - ou la prochaine - explosa-t-elle en louchant vers son amie, qui me parle encore du tandem Brenner et Bermel, je l'assomme ! »

A peine assis, Mitia avait commencé une conversation passionnée avec sa filleule au sujet du cadeau qu'il comptait offrir au jeune couple après le repas.

Diana regardait les convives qui semblaient tous très à l'aise et le côté réunion de famille, dont les divers membres se retrouvent après une longue absence, lui revint en mémoire.

Elle saisit des bribes de la conversation entre le marquis et Kurt Werthi.

- Alors comme cela vous vous mariez en cachette dans la famille, maintenant ? J'espère que vous ferez une fête de rattrapage, car depuis le mariage d'Hayden avec Alessandra, Iris ne jure plus que par l'érotisme délirant du kilt…

Evan éclata de rire.

- Oui, c'est prévu, professeur, et une double fête ! Mais je dois d'abord attendre que mon beau-frère et Samantha se rendent à la mairie, ce qu'ils n'ont pas encore eu le temps de faire ! Quoique j'aie un peu de mal à me représenter Schrödinger en jupe écossaise… lança-t-il avec un clin d'œil à son vis-à-vis.

L'atmosphère détendue du repas permit à Diana de prendre du recul par rapport à cette journée difficile et la prévenance de Dimitri, l'intérêt qu'il témoignait pour son travail et sa vie en général l'étonnèrent un peu… Etait-ce de la politesse ou autre chose ?

Oliver discutait avec sa belle-mère et répondait de façon assez évasive aux questions qu'elle lui posait au sujet de sa famille.

- Vous n'avez revu ni votre mère ni votre sœur depuis quatre ans ? S'étonnait-elle.

- Tout à fait, mais il n'y a qu'une seule chose que je regrette vraiment, c'est de ne pas avoir assisté au mariage de Margaret. Elle a épousé un médecin, orthopédiste, je crois, qui a perdu sa femme il y a quelques

années. Il avait une clinique qu'il a vendue pour fonder un pensionnat près de Heidelberg.
- Est-ce que votre sœur exerce une profession ? Voulut savoir Danaëlle.
Oliver se rappela ce qu'il avait dit à Margot avant de partir en Union Soviétique.
« Pourquoi ne viendrais-tu pas me rejoindre là-bas dans quelques mois ? Il y a un lycée allemand à Saint Petersbourg, plutôt que de rester avec ce salaud. Nom qu'il avait donné depuis le début à son beau-père.
Sa sœur lui avait souri gentiment et répondu :
- Parce que je sais que ce n'est pas la distance qui arrangera les choses et j'ai un bon poste dans ce lycée. »
Devant le mutisme de son beau-fils, Danaëlle continua :
- Et pourquoi n'avez-vous pas essayé de leur rendre visite sans aller voir votre mère ?
- Margaret est beaucoup plus conciliante que moi, répondit Oliver, mais l'idée qu'elle me tende un piège en invitant le reste de la famille derrière mon dos m'a toujours retenu. Pour répondre à votre question au sujet de la profession de ma sœur, éluda-t-il, eh bien, elle est professeur d'Histoire et de Lettres. Elle avait un excellent poste dans un lycée de Heidelberg mais elle a préféré le quitter après son mariage pour s'occuper de la petite fille que Markus a eue de son premier mariage.
Danaëlle regarda longuement Oliver en souriant :
- Je viens d'un milieu très simple, savez-vous, et mes parents ont refusé d'assister à notre mariage car ils trouvaient cette union trop mondaine. J'épousais quelqu'un de vraiment différent de ma condition et eux voulaient que je reste à ma place.

Elle s'arrêta quelques instants avant de continuer :
- Cette décision m'avait brisé le cœur car je m'étais déjà tellement attachée à Pierre et aux enfants. Et ma surprise a été totale lorsque le jour du mariage, mon frère jumeau est apparu pour me conduire à l'autel ; aux dernières nouvelles, il était pourtant dans l'Atlantique Nord avec l'équipe de pêche, mais son chalutier s'était dérouté, l'avait transbordé sur un bateau écossais qui devait rallier Skye…

Au fur et à mesure qu'Oliver écoutait sa belle-mère, il sentait sa culpabilité resurgir, lui qui avait dit à sa jeune sœur lors de l'enterrement de leur père :
« Tu peux compter sur moi, Margot, je ne te laisserai jamais tomber ! »
- Je… je crois que je ne suis pas encore prêt à cela, répondit-il finalement.
- Eh bien, pensez à les inviter tous les trois à Zürich lorsque vous serez installés !

Dunvegan suivait en riant la conversation d'Iris au sujet de l'érotisme lié au kilt.
- Je vous assure, disait-elle, il n'y a que les Écossais pour se permettre de porter une jupe sans perdre leur dignité et aussi leur virilité ! Et lorsque je me rappelle avec quelle constance ils s'amusaient à lancer des troncs d'arbres… En fait, ce sont de grands gamins, conclut-elle.

Mitia fit tinter doucement son verre pour attirer l'attention des convives.
- Si je puis me permettre d'interrompre vos conversations, commença-t-il…
Le professeur Smyslowsky se leva et regarda longuement l'assemblée, s'attarda sur certains visages,

puis se tourna résolument vers son ancien compagnon d'armes.
- De quoi veux-tu nous faire part, Dimitri ? Demanda Peter Ogilvie un peu sur ses gardes.

Mitia commença sur le ton du discours :

« Je voudrais d'abord remercier nos hôtes pour cette invitation qui me donne la possibilité de revoir certains visages et d'en découvrir de nouveaux, dit-il en se penchant vers Diana qui rougit violemment.

Mais puisque nous sommes en petit comité, je voudrais non pas m'excuser pour mon altercation de ce matin avec le *professeur* - il appuya sur le mot professeur - Irina Barinkova Gradovna, mais plutôt m'expliquer devant vous, car il est assez rare que je perde mon sang-froid.

Il est évident que dans certains cas, il vaut mieux se taire mais… ce n'est tout simplement pas dans ma nature, regretta-t-il !

Et c'est pour toutes ces raisons - bonnes ou mauvaises - que je vais vous conter la genèse de cette fondation…

Notre hôte, le duc des Highlands ici présent, est un très grand bonhomme… si, si, Dunvegan, ne cherche pas à m'interrompre… Il a eu la chance incroyable de rencontrer deux fois dans sa vie le grand amour et surtout de le reconnaître, de le placer au-dessus de tout ! Sa carrière, sa famille, les rumeurs...

Nous avons souvent travaillé ensemble dans le passé et c'est déjà lui qui, jeune professeur, a empêché ses chers petits élèves de se jeter sur le pauvre étranger dans la cour de récréation d'un collège réputé où il avait été envoyé de force.

Donc, notre amitié est très ancienne et je peux être fier aussi d'avoir été en quelque sorte le deuxième père de Sammie après le décès de Li-Ann.

Mais voilà, le problème avec les gens brillants, c'est qu'ils pensent souvent qu'ils sont responsables de tous ceux qui les entourent...

Cela est non seulement faux, mais également profondément douloureux. Nous avons souvent abordé le sujet avec Evan qui a remarqué lui aussi que ce sentiment de toute-puissance conduit souvent à une grande solitude. Donc, Peter, je te le répète, tu n'es pas responsable de la mort de Li-Ann, ta première compagne... »

Un silence pesant se fit dans la salle et Danaëlle agrippa la main de son époux qui avait pâli... mais Mitia poursuivit fermement:

« Li-Ann est décédée, exténuée, quelques mois après l'attentat qui vous a visés à Damas. Un attentat aveugle, incompréhensible, représailles ?... haine ? Nous ne le saurons jamais et cela, tu dois l'admettre enfin. Tu n'aurais pas pu la sauver, même si tu étais arrivé à temps. »

- Dimitri, je trouve que tu exagères, c'est mon problème et non le tien, répondit Dunvegan avec une fermeté dans la voix qui frisait la colère.

- Peter, combien de fois m'as-tu sauvé la vie ? Deux fois, trois fois ? Si tu n'étais pas venu me récupérer derrière le Rideau de fer, sans l'accord de tes supérieurs, je ne serais pas là à t'ennuyer !

Smyslowsky laissa passer quelques instants avant de continuer.

« Mon sauvetage a coûté la vie à deux de tes hommes et il a fallu dix ans de tractations et de mensonges pour que nous puissions rendre leurs dépouilles à leurs familles ! Alors, excuse-moi, quand je vois notre chère Barinkova qui fait son cirq...pardon, sa conférence comme si de rien n'était... eh bien je vois *rouge* ! Parce qu'à la place de la devise française : Liberté, Egalité, Fraternité, celle de l'Union Soviétique ressemble plus à : Surveillance, Délation, Elimination... »

Mitia poursuivit malgré le silence :

« Mais je pense malgré tout, que c'est vous, Kurt et toi, qui avez raison, il nous faut trouver d'autres voies pour permettre la réconciliation et je conclurai par ces mots : ce que j'admire de façon certaine chez ces jeunes, dit-il en englobant d'un geste, Evan et Samantha, Schrödinger et indirectement Irina Barinkova, c'est leur volonté d'aller de l'avant sans oublier d'où ils viennent. »

Werthi prit à son tour la parole dès que Dimitri se fut assis.

« Nous sommes tous les trois de la génération de la Seconde guerre mondiale, mais pour toi, Dimitri, rien n'est terminé, ton père et ta mère vivent en exil, tu es sans nouvelles de tes sœurs depuis presque quarante ans, je comprends combien cela doit être douloureux.

Ton intervention ce matin nous a montré une chose importante. Nous avons transmis le pouvoir à nos successeurs, c'est à eux maintenant de conduire la barque de notre histoire. Nous *devons* leur faire confiance,

Oliver parle couramment le russe, il connaît très bien le milieu d'Irina et de son époux, l'espionnage n'a rien à faire dans cette fondation, sinon nous pouvons la fermer tout de suite ! »

« Nous avons la chance de connaître les antécédents de chacun, intervint Evan, nous allons avancer en proposant ce système de bourses de recherche dont Oliver nous a parlé ce matin. Je trouve sa façon de voir excellente, mais sachez que je n'ai pas apprécié l'attitude de Durell. Il n'a pas fait le moindre effort pour dire au moins quelques mots en Allemand et pourtant il le comprend assez bien. »

- N'oubliez pas, mes amis, que c'était le seul vrai Anglais du lot, s'amusa Iris Werthi, un pur produit de Cambridge et non d'Oxford…

La remarque de l'épouse de Kurt détendit un peu l'atmosphère et l'on entendit Finch-Hatton toussoter discrètement.

Evan reprit la parole :

« C'est justement pour cette raison que nous avons choisi, Sammie et moi, de faire porter à cette fondation le nom de notre mère Li-Ann. Eurasienne, rejetée par sa famille chinoise, elle a eu du mal à se faire accepter par cette société britannique qui a toujours eu tendance à se regarder le nombril… pourtant c'était une femme et une mère formidable, elle parlait le chinois, le japonais, l'anglais et l'arabe. Elle nous a apporté sa culture malgré la réticence de deux familles.

Chaque matin, qu'il pleuve ou qu'il vente, elle nous enseignait l'art du T'ai Chi, totalement décrié par les Européens qui l'appelaient la danse de Saint Guy, sauce chinoise. Et cette femme merveilleuse a été brisée par toute la haine qu'exprimait cet attentat, cette violence à l'état pur. Cette terreur aveugle lui était incompréhensible…

Je crois fermement qu'il nous faut passer outre ces horreurs qui ne se nourrissent que d'elles-mêmes pour avancer librement, sereinement…

Il nous faut refuser, comme nous le montre le livre de Job[11], de suivre « la route antique que foulèrent les hommes pervers », mais ne pas oublier le sacrifice de ceux qui nous ont précédés… »

Le marquis de Kinloch-Abbey se leva :
- Je voudrais porter un toast à notre mère Li-Ann, le cœur de notre famille et à Danaëlle, notre fée, qui lui a rendu son âme.
Tous se levèrent et burent en silence…

Quelques minutes plus tard, Finch-Hatton toussota de nouveau poliment et s'informa :
- Leurs Grâces permettent-elles l'arrivée des desserts ou dois-je faire face à une mutinerie en cuisine ?
Les convives éclatèrent de rire et l'on entendit Iris poser à lord Peter une étrange question, le plus sérieusement du monde :
- Dites-moi, Votre Grâce, votre majordome est-il plutôt Anglais ou Écossais ?
Dunvegan leva les yeux vers ce dernier pour lui permettre de prendre lui-même sa défense.
- Britannique, Madame, Britannique, concéda celui-ci sans fausse modestie.

*
* *
*

---

[11] *Bible livre de Job (22,15).*

Chapitre XI

Les convives s'étaient dirigés vers le salon, copieusement rassasiés.
L'humeur était sereine mais chacun paraissait un peu grave à la suite des révélations qu'ils venaient d'entendre.
Mitia prit la main de Diana et y déposa un baiser, étonnée, elle leva les yeux vers lui.
- Pensez-vous que je sois un affreux personnage qui ne cherche qu'à détruire l'ambiance ? Lui demanda-t-il.
- Non, je comprends maintenant ce que vous vouliez dire avant le repas ; il ne faut jamais laisser pourrir les choses, il est de notre devoir de dire et redire la vérité afin que la justice puisse être rendue.
Dimitri la regarda avec une telle ferveur qu'elle en fut profondément troublée. Il lui répondit simplement :
- Merci.
Smyslowsky la conduisit jusqu'à l'entrée du salon et lui glissa à l'oreille :
- Je vous abandonne quelques instants pour tenir ma promesse...
Et, elle le vit monter l'escalier quatre à quatre avec un sourire mystérieux.
Diana rejoignit les autres ; Danaëlle lui fit signe et elle s'approcha.
- J'espère que cette soirée ne vous pèse pas, commença la duchesse ; Olivier me disait que sa propre famille ne représentait rien pour lui, mais que dans

celle de sa femme il n'y avait guère de place pour l'ennui.
- C'est bien vrai, s'exclama la jeune femme en riant. Je crois que Dimitri est monté chercher leur cadeau de mariage.
- Je ne comprendrai jamais pourquoi un homme aussi soucieux des autres refuse, ou plutôt, n'éprouve pas le besoin d'avoir de compagne…
- Ah !?! S'exclama Diana - le timbre de sa voix s'élevant soudainement de deux octaves - Mit…, le professeur Smyslowsky n'est pas marié ?

Dix minutes plus tard Dimitri, redescendait l'escalier toujours au pas de course et entrait en trombe dans la pièce. Il s'approcha d'Oliver et de Samantha avec un volumineux paquet sous le bras…
- Voilà, Schrödinger, l'enfance de votre épouse en noir et blanc et en couleurs - plus de deux cents photos, toutes historiques ! Je dois avouer que monsieur le marquis a été également mis à contribution.
Samantha aida son compagnon à ouvrir le cadeau sous les regards curieux de l'assemblée.

Oliver contempla le livre avec ravissement. Sur la couverture on voyait un château en pierres claires, dressé au bord d'une falaise ; sa tour crénelée semblait vouloir tenir tête à un envahisseur invisible, l'ensemble baignait dans la lumière rosée du couchant et, à l'arrière-plan, on distinguait un plan d'eau…
- C'est Dunvegan Castle, vu de la mer au coucher du soleil, lui glissa Sammie à l'oreille.
Il est magnifique, n'est-ce pas ?

La jeune femme se tourna vers son parrain et lui demanda d'un air suspicieux :
- Tu n'as pas mis la photo compromettante ? J'espère.
- Mais si, mon cœur ! Pardon Oliver, les vieilles habitudes ont la peau dure...

Celui-ci le regarda d'un air méfiant qui obligea Dimitri à en dévoiler plus.

« A une certaine époque notre chère Sammie cherchait un autre animal de compagnie, Mademoiselle s'était lassée des chiens et des chevaux... Alors elle a commencé à monter la garde devant les bergeries, espérant trouver un agneau nouveau-né. A ce sujet, il faut remercier son père de n'avoir jamais voulu élever de cochons, la fin de l'histoire aurait été encore pire ! »

- Elle est là ! Hurla presque la jeune femme, oh non ! Evan, pourquoi la lui as-tu donnée ?

- Mais c'est lui qui l'avait prise, lui opposa son frère, tu avais provoqué un tel désastre que c'était digne de figurer dans les annales de la famille : cela fait, en quelque sorte, partie du patrimoine...
Les autres convives s'approchèrent du groupe, bouillants de curiosité...
Sur une photo en noir et blanc, on voyait une fillette aux cheveux blonds bouclés d'environ cinq ans, debout pieds nus, au milieu de ce qui semblait être une cour de ferme. Elle était à moitié enveloppée dans un plaid écossais...
Olivier reconnut immédiatement le regard sombre aux yeux en amande de sa femme.
La petite fille fixait l'objectif d'un air farouche et sur le côté on apercevait une main tenant encore un tuyau d'arrosage.
Il leva les yeux vers Mitia pour connaître la suite de l'histoire.
- Ce jour-là, notre cher petit ange s'est glissé dans une bergerie et a volé un agneau à sa mère. Mais celle-ci a chargé, Sam a glissé... devinez où ?
- Dans le tas de fumier devant la porte, répondirent en chœur son père et son frère... riant encore au souvenir de l'anecdote.
Evan continua :
- Heureusement, un des garçons de ferme l'aperçut et la sortit de là, malgré les injures et les coups de pieds de l'ange souillé...
Nous avons appelé Mitia de toute urgence, puis, sous ses ordres et dans un délire de cris et de coups, nous avons déshabillé cette petite peste malodorante au milieu de la cour ; elle a été passée au jet ! Ma chère sœur a boudé pendant une bonne semaine et n'a plus adressé la parole à son parrain vénéré...

Se tournant vers celui-ci, Evan ajouta : je crois qu'elle ne t'a jamais vraiment pardonné, mais nous, nous avons eu une paix royale pendant des jours et des jours !
- Cela fait partie de l'enfance aristocratique de votre épouse, mon cher Oliver, ajouta Dunvegan avec un clin d'œil.
Tonton Mitia regarda avec tendresse sa filleule :
- Elle n'a plus jamais voulu m'épouser... J'ai perdu ce jour funeste, ma place de héros dans le cœur de ma belle princesse !
Danaëlle intervint :
- Il y en a une autre que j'affectionne particulièrement, mais je ne vous la raconterai que si Ladylein est d'accord.
La duchesse s'approcha de sa belle-fille et lui glissa quelques mots à l'oreille.
- Oh, moi, celle-là, je la trouve plutôt à mon avantage... et pourquoi, n'y a-t-il pas de photo ?

Avec la permission de son époux Danaëlle commença :
« Il y avait un peu plus d'un an que j'habitais au château et je dois dire qu'avec ma belle-fille nous formions une équipe très soudée car nous avions deux types d'ennemis : les garçons comme toujours et les Ladies...
Avec les premiers nous nous en sortions assez bien car ils n'étaient pas trop difficiles, comment dirais-je, à décoder ! Mais face aux projets matrimoniaux ambigus de la duchesse douairière et de sa nièce nous étions sur le qui-vive... Tante Henrietta avait jeté son dévolu sur Evan pour sa fille Sophie, et cela, malgré le véto définitif de Pierre.

Lors d'un dîner mémorable auquel Samantha refusait de participer - parce qu'on l'avait obligée à porter une robe à la place d'un kilt -, son frère monta la chercher dans sa chambre où elle s'était enfermée.
Il lui fit descendre l'escalier bruyamment...
- Non ! Martelait-elle à chaque marche qu'Evan lui faisait gentiment descendre en lui donnant un coup de genou dans le dos. Non ! Tu n'épouseras pas Sophie ; non, tu n'épouseras pas Sophie... !
Finalement le dîner commence, le potage est servi et, piquée par je ne sais quelle mouche, Henrietta attaque :
« Il est remarquable de voir la différence lorsqu'il y a plusieurs femmes dans une maison... »
Tous les convives se tournent vers elle, méfiants, attendant la suite ; elle continue :
- Mais oui, regardez notre Sammie chérie... une si jolie robe, elle devient une vraie petite lady... »
Danaëlle avait du mal à finir son histoire, car Evan riait à gorge déployée et son fou rire devenait franchement contagieux...
Il demanda la permission à sa belle-mère de terminer l'histoire et, entre deux hoquets, poursuivit :
-« A cet instant le visage de tante Henrietta commença à s'allonger ; elle se frotte presque les yeux devant la vision apocalyptique qu'elle a devant elle... et tous les regards convergent vers notre Ladylein qui, avec un sourire malicieux, verse consciencieusement le potage sur sa robe... Père saute de table et entraîne la coupable vers son bureau ; je crois ne l'avoir jamais vu autant en colère. »
L'assemblée des convives rit de bon cœur aux mésaventures du vilain petit canard écossais !

Et Evan conclut :
« Les projets de tante Henrietta furent anéantis à jamais et ma chère cousine Sophie eut la bonté, des années plus tard, d'épouser François, le frère de Danaëlle... Une affaire de famille, comme on dit. »

Oliver fut profondément touché par le cadeau de Dimitri et le remercia chaleureusement. Il devait reconnaître que le professeur Smyslowsky était un conteur et un photographe extraordinaire et il comprenait maintenant pourquoi il s'entendait si bien - malgré leurs fausses disputes - avec son collègue Kurt Werthi : ils aimaient tous les deux fasciner leur auditoire.

Par contre, cette fascination rendait Diana à ses yeux très... imprudente ! Elle buvait littéralement les paroles de tonton Mitia, pensa-t-il avec une légère jalousie...

Le directeur de la Fondation Li-Ann Ogilvie tourna les yeux vers son beau-père qui discutait avec son fils et sa belle-fille.

Lui, au contraire, était un homme de l'ombre - pas dans le mauvais sens - il était sobre, secret, silencieux... et l'image d'un félin se présenta naturellement devant lui, Oliver sourit ; il se sentait beaucoup plus proche de ce modèle-là !

Pierre Ogilvie n'avait pas besoin de parler, ses œuvres parlaient pour lui et il les voyait défiler au long des pages de l'album.

Schrödinger observait le père et le fils et leur ressemblance le frappa de nouveau. Evan avait également cet air grave que l'on trouvait chez le duc. Le visage de ceux qui ont vécu une expérience traumatisante qui les a marqués à jamais, faisant d'eux des êtres diffé-

rents, plus attentifs à leur entourage, connaissant le prix de la vie. Subitement la question de Samantha lors de leur première nuit lui revint :
« Alors, on ne sera plus jamais seuls ? »
Sentant son regard insistant, le duc se retourna vers lui l'air interrogateur, mais pour Oliver ce n'était guère le moment de poser ce genre de question…
Soudain, il eut envie de quitter la pièce, de se retrouver seul avec sa compagne, de lui arracher ses vêtements et de s'allonger contre elle pour découvrir ensemble l'album de son enfance.

Lorsque Finch-Hatton eut terminé le service, il était près de minuit : Kurt Werthi et son épouse se levèrent pour prendre congé de leurs hôtes.
- Nous vous raccompagnons, leur dit Evan ; Esther aimerait découvrir le parc à la lumière des réverbères et admirer la vue nocturne sur le lac…Vous savez comme il est difficile de refuser quelque chose à une femme enceinte !
A part le duc et la duchesse qui se retirèrent, les convives se joignirent à eux et les suivirent jusqu'aux voitures.
Samantha avait déjà remarqué que son compagnon semblait s'impatienter et elle embrassa Danaëlle et son père avant de les rejoindre :
- Eh bien nous allons en profiter pour rentrer aussi, je me sens un peu épuisée par toutes ces émotions.
- Faites bien attention à vous ! Lui dit lord Peter en la serrant dans ses bras.
Diana et Mitia les accompagnèrent jusqu'à la Mini de Sam ; Oliver serra sa collègue dans ses bras et répéta les paroles du duc…

- Fais bien attention à toi, lui dit-il en louchant vers Dimitri...

Mais celui-ci ne se laissa pas abuser par la manœuvre et répliqua promptement :
- Ah non Schrödinger, vous ne pouvez pas les avoir toutes !

Les deux hommes s'affrontèrent du regard mais ce qu'Oliver y lut le rassura à moitié... Smyslowsky avait peut-être des manières peu orthodoxes, mais ce n'était certainement pas un libertin... Il était bien incapable de ne pas dire ce qu'il pensait.

*

Après le tour du parc en compagnie du marquis et de son épouse, Mitia et Diana se retirèrent au salon.

Le majordome apparut dans l'encadrement de la porte et leur demanda :
- Monsieur le vicomte et Mademoiselle ont-ils encore besoin de mes services ? Je vais rajouter quelques bûches avant de me retirer, ajouta-t-il.
- Mais non, Finch-Hatton allez-vous coucher, je suis encore capable de mettre des bûches dans une cheminée...

Réveillée au milieu de la nuit par une sensation de vide, Diana regarda autour d'elle avant de se rappeler où elle se trouvait...

Ses premiers souvenirs la firent rougir... Elle se rappelait maintenant tout ce qui s'était passé après que Mitia l'eut raccompagnée dans sa chambre.

Mais où était-il passé ? Il l'avait abandonnée au milieu de la nuit ? Après tout ce qu'il lui avait raconté sur lui, sur eux ?

Maudissant la crédulité qui, à son âge frisait vraiment la bêtise, elle sauta du lit...
Hors de question de se retrouver face à face, demain matin, avec toute la famille Ogilvie dans ces conditions ! Elle s'habilla en toute hâte, rassembla ses quelques affaires en espérant que le portail serait encore ouvert pour qu'elle puisse rentrer chez elle après avoir récupéré sa voiture...
La jeune femme cherchait désespérément ce qu'elle pourrait raconter à son employeur à leur prochaine rencontre, mais son désir de fuite était le plus fort.
Pourquoi n'avait-elle pas écouté le conseil d'Oliver ?
Elle ouvrit la porte sans bruit, regarda à gauche et à droite avec précaution, avant de se hasarder dans le couloir... Personne ! Elle se glissa silencieusement le long du mur mais au moment où elle voulut descendre l'escalier, un bruit se fit entendre en bas. A pas de loup, elle alla se cacher derrière un meuble et attendit quelques secondes... Quelqu'un montait... Arrivée en haut, la silhouette se dirigea vers sa chambre, les bras semblant porter un objet avec précaution. Diana reconnut, Dimitri ! Elle se figea sur place.
- Mitia ?
La silhouette fit un bond de frayeur et l'on entendit un bruit de porcelaine qui s'entrechoquait.
- Mais, mais, Diana ? Que fais-tu là ? Chuchota-t-il.
Il posa le plateau qu'il tenait en main sur une commode et s'approcha d'elle.
La jeune femme tremblait de tous ses membres, ne sachant que répondre.
Smyslowsky la prit dans ses bras :
- Pourquoi es-tu toute habillée ? Tu voulais partir ? T'échapper ? Mais... et moi ?

Il l'entraîna vers la chambre et récupéra son plateau.
- Tu dormais tellement profondément, lui avoua-t-il. Je suis descendu pour me faire une tasse de thé. J'ai rencontré Peter et, fidèles à nos vieilles habitudes, nous avons discuté de tout et de rien. Entre parenthèses, nous sommes devenus tous les deux insomniaques par la faute de Sammie !
La jeune femme enfouit son visage au creux de l'épaule de son compagnon pour cacher ses larmes... Dimitri, sentant son trouble, lui caressait tendrement les cheveux en continuant son histoire comme pour la bercer.

« Tout bébé déjà, Sam emplissait le château de ses cris... Elle ne pouvait dormir que dans les bras de son père, des miens ou encore dans le panier du chien, avec le chien bien entendu ! Lorsqu'elle a pu marcher, elle a commencé à se promener la nuit ; elle ne faisait aucun bruit, ne pleurait plus, mais nous la retrouvions dans notre lit ou encore dans celui d'Evan - qu'elle ne réveillait même pas du reste - alors, par profond sens du devoir nous ramenions notre ange dans son lit jusqu'à sa prochaine tentative. Et c'est ainsi que nous avons pris l'habitude, Peter et moi, de tenir ces conciliabules nocturnes dans les cuisines du château ! »

Diana ne put s'empêcher de rire, imaginant très bien le désarroi de ces deux hommes tirés brutalement d'un sommeil qu'ils avaient apparemment du mal à retrouver.
- Et pendant combien d'années a-t-elle fait cela ? lui demanda-t-elle ?

- En fait, jusqu'à l'arrivée de Danaëlle. Dunvegan m'a raconté qu'il avait été réveillé plusieurs fois en sursaut par Sam qui les regardait dormir dans leur chambre... Puis, avec un sourire rassuré, elle regagnait sa propre chambre.
- Eh bien, quel numéro notre Ladylein ! Conclut Diana, empruntant le diminutif de la duchesse.
- Oui, je crois que la petite fille qu'elle était se reprochait d'être la dernière... d'avoir en quelque sorte tué la mère de ses frères et l'épouse chérie par son père.
Ils sursautèrent, entendant des pas dans le couloir !
- Ah, ce n'est que ce cher Ogilvie qui regagne sa chambre. Il était en train de travailler sur les statuts de la fondation ; je crois qu'il veut proposer quelque chose à sa fille et à Oliver, mais comme il a peur que celui-ci refuse, il cherche des arguments susceptibles de le convaincre.
- Au milieu de la nuit ?
- Oh, c'est très calme pour réfléchir à cette heure, crois-moi... et en plus, c'est le seul moment de la journée où nous autres aristocrates, pouvons profiter de la cuisine sans avoir quelqu'un sur le dos !
Diana le serra dans ses bras et l'embrassa.
- Si j'ai bien compris, cela signifie que nous pouvons retourner nous coucher maintenant ?

*

Le lendemain matin, descendant l'escalier au bras de Dimitri, la jeune femme tremblait de tous ses membres et si Smyslowsky ne l'avait pas tenue aussi fermement, elle aurait déjà pris la poudre d'escampette.

Elle rougit en voyant le duc et la duchesse au pied des marches.

Danaëlle semblait aussi empourprée qu'elle et c'est avec une gêne sans nom qu'elle s'adressa à la jeune femme :

- Diana, je suis profondément choquée par l'attitude de mon époux et de Dimitri. Je n'étais au courant de rien, je vous assure... mais cette nuit, lorsque Pierre m'a rejointe, il m'a raconté son plan machiavélique pour trouver enfin une femme pour Mitia !

La duchesse avait parlé d'une seule traite comme pour se libérer d'un secret trop lourd à porter.

Lord Ogilvie s'approcha de Diana et s'inclina avec une grande retenue sur sa main.

- Madame, je connais peu de femmes qui ont l'étoffe de devenir vicomtesse en une nuit...
- Pierre, vous êtes impossible ! S'exclama Danaëlle horrifiée.

Smyslowsky s'immisça dans la conversation :

- Moi, j'ai toujours trouvé les idées de Dunvegan brillantes et tout à fait originales ; c'est ce qui fait leur charme !

Diana retrouva enfin la parole :

- Je me suis demandé plusieurs fois quelle était la véritable raison de cette invitation et, même si je n'en avais aucune idée, je me doutais que cela cachait quelque chose...

Ogilvie éclata de rire :

- J'avais surtout une peur bleue que Samantha vous donne l'âge véritable de Dimitri ; mon plan serait alors tombé à l'eau !
- Moi, reprit Mitia, j'ai été sincère depuis le début, et j'ai dit que c'était ton idée, de toute façon.

- Moi aussi, avoua Danaëlle, je voulais simplement que l'on ait plus de temps pour faire connaissance...

Finch-Hatton apparut à la porte de la salle à manger, l'air ennuyé :
- Le breakfast attend la bonne grâce de ses hôtes...
Smyslowsky le regarda avec un très grand sérieux et demanda :
- Dites-moi, Finch-Hatton, formez-vous toujours de nouveaux majordomes ?
- Je ne comprends pas où Monseigneur veut en venir...
- Au fait que Wladimir n'aura jamais la moitié de votre humour, malheureusement !
On entendit vaguement la réponse du vieux serviteur :
- Monseigneur est trop bon.

Dans la salle à manger se trouvaient déjà Esther et Evan. Le marquis se leva à l'entrée de ces dames et sembla les observer avec curiosité.
- Vous faites tous une drôle de tête, un problème ?
- Non ! Pas du tout ! Lui répondit le quatuor à l'unisson.
Evan se tourna vers son épouse l'air interrogateur :
- Vous ne les trouvez pas un peu bizarre, ma chère ?
Esther sourit à Danaëlle et Diana à laquelle elle adressa un petit clin d'œil.
- Une bonne tasse de café ?
Ils prirent place à table et après quelques éclaircissements, Evan s'insurgea :
- Et pourquoi suis-je toujours le dernier prévenu ? Je ne savais pas que c'étaient aussi les fiançailles de

Mitia et Diana... J'avais cru comprendre qu'ils ne se connaissaient pas !

Danaëlle s'étrangla dans sa tasse et son époux dut venir à son secours avant qu'elle ne s'étouffe complètement.

Le fou-rire provoqué par la phrase faussement naïve du marquis mit de nombreuses minutes à s'arrêter, après de nombreuses récidives.

Lorsqu'Esther eut enfin réussi à reprendre son souffle, elle ne put s'empêcher de dire à l'intention de Diana :

- Vous vous rendrez compte très vite que les hommes de cette... tribu sont excessivement joueurs. Ils chérissent profondément leurs compagnes mais, il leur vient rarement à l'idée de les tenir informées des projets les concernant, n'est-ce pas, Monseigneur, ajouta-t-elle, s'inclinant vers son époux !

Evan fit semblant de prendre la mouche :

- Mais, très chère, nous autres pauvres semeurs et laboureurs, peinons devant l'indigence de nos sentiments face à l'extraordinaire bienveillance que nous accorde votre divine féminité...

Dunvegan et Smyslowsky repartirent d'un fou rire irrépressible.

Le petit déjeuner se poursuivit dans le calme revenu et Diana s'étonna de la quantité de toasts qu'elle avait pu dévorer !

Evan s'adressa au duc :

- Père, je me suis permis d'inviter Oliver et Samantha pour une promenade au Zürichberg après un tour en ville ; Esther voudrait découvrir le coffre-fort de l'Europe et parler du programme musical de Noël avec ma chère sœur.

Dunvegan acquiesça :
- Moi aussi, je dois leur parler avant de rentrer.
Danaëlle se tourna vers la compagne de Dimitri.
- Cela vous dirait-il de faire cette petite randonnée avec nous, Diana ?
Celle-ci lui sourit ; elle appréciait les efforts méritoires de Danaëlle pour la mettre à l'aise.
- Avec plaisir, mais je dois passer à la maison prendre une tenue adéquate, avant de vous rejoindre.
Elle jeta un coup d'œil vers Mitia, en grande conversation avec son vieux complice.
- Je t'accompagne, répondit celui-ci, sans même se retourner.

*
* *
*

Chapitre XII

Un peu plus tard, Diana attaquait la descente du Zollikerberg pour rejoindre la route de Zürich. La circulation était fluide et elle décida de prendre par les bords du lac.

- Connais-tu un peu Zürich ? Demanda-t-elle à son compagnon.
- Pas vraiment, je connais le chemin de l'aéroport à l'E.T.H. et celui de l'école à chez Ogilvie... le reste m'est un peu étranger. Comme je donne des cours dans différentes universités, je ne passe jamais beaucoup de temps au même endroit.
- Eh bien, je crois que je vais prendre alors le chemin des écoliers : un samedi matin nous ne risquons pas grand-chose.

Elle était heureuse de se retrouver au volant ; son père l'avait initiée très jeune à la conduite et elle y avait toujours eu énormément de plaisir. Il lui avait aussi appris à piloter ces petits avions que l'on utilise si fréquemment au Canada.

Le temps semblait se lever et ils auraient certainement une belle éclaircie pour la randonnée prévue.

La jeune femme se sentait détendue ; elle roulait calmement et bientôt Mitia se mit à fredonner un air étrange. Attentive, elle chercha à comprendre les paroles, apparemment une langue slave toute en rondeur.

Dimitri avait une voix profonde, très douce ; il lui fit un clin d'œil.

- Je crois que c'est ma mère qui la chantait ; j'ai toujours aimé ces chansons folkloriques, elles en di-

sent beaucoup sur l'histoire du pays qui les a vus naître, la mélancolie chez les Russes, les polkas...
- Ta mère est d'origine polonaise ? Voulut savoir Diana.
- Pas d'origine, elle est polonaise, originaire de Silésie... Subitement, il sursauta et s'arrêta de chanter.
- Je me demande ce que Barinkova a voulu dire par : « Mon père m'a dit que vous devriez chercher dans l'entourage de votre mère ? »... Mais je ne vais pas gâcher ce moment par de vieilles histoires et il reprit son chant.

En montant l'escalier de son petit immeuble, la jeune femme éprouva un curieux pressentiment. Elle regarda son compagnon, puis gravit rapidement les dernières marches...
S'approchant de son appartement, elle cherchait sa clé lorsqu'elle entendit s'ouvrir la porte voisine...
- Ah enfin ! Diana... J'ai cherché à te joindre depuis hier soir... ton appartement !
La jeune femme remarqua alors que sa porte n'était pas vraiment close... en toute hâte, elle la poussa et resta figée de stupeur dans l'entrée ! L'appartement avait été vandalisé... le mobilier renversé, les vases, les bibelots brisés, toutes ses armoires avaient été vidées et leur contenu gisait au milieu du salon. Elle se dirigea vers la cuisine et poussa un cri ! Les murs étaient souillés de sauce tomate, de moutarde, ses livres de cuisine déchirés gisaient sur le sol.
- Oh mon Dieu... mais ce n'est pas possible, je rêve ?
Après quelques instants de stupeur Smyslowsky se ressaisit.
Il prit la jeune femme par le bras et lui dit :

- Il y a eu ici quelqu'un qui t'en voulait beaucoup...
- Julia ! Julia Brenner !

Mitia la regarda en fronçant les sourcils.

- Tu es sûre ?
- Qui d'autre aurait intérêt à faire une chose pareille ? Son regard était tellement haineux lorsque nous l'avons quittée hier midi, j'en ai eu la chair de poule...

La voisine de palier de Diana intervint :

- Est-ce que quelqu'un pourrait m'expliquer ?
- Excuse-moi Béatrice, je te présente mon ami Dimitri Smyslowsky... Je pensais à une collègue dont nous nous sommes séparés hier midi dans de mauvaises conditions.
- Aaahh, je ne savais pas que tu avais un ami...
- Moi non plus, lui répondit Diana machinalement, essayant de se retrouver dans ce capharnaüm.

Béatrice, hocha la tête et reprit :

- Je suis rentrée hier soir, ou plutôt en fin d'après-midi et j'ai vu ta porte ouverte... Je t'ai appelée... personne ! Lorsque je suis entrée chez toi, j'ai cru à un cambriolage. J'ai entendu quelqu'un dévaler l'escalier en courant mais, le temps que je sorte il avait disparu ; j'ai refermé comme j'ai pu mais je n'ai pas réussi à te joindre ni au travail ni au tennis... Alors, j'ai appelé la police.

Ils sont arrivés trois-quarts d'heure plus tard et ayant constaté les faits, ils ont demandé que tu les appelles dès ton retour.

Diana remercia la jeune femme et se tourna vers Dimitri qui parcourait les lieux le front barré d'un pli soucieux.

Elle attendit que son amie se fût éloignée et s'approcha de lui :
- Je suis presque sûre que c'est elle, mais comment le prouver ?

Mitia la serra brièvement contre lui et dit :
- Qui que ce soit, tu réunis tes affaires et je te ramène chez Ogilvie, cette histoire ne me plaît pas du tout ! Il y a trop de violence là-dedans... heureusement que tu étais absente ; c'est pour cela qu'elle ou il s'est attaqué à tes effets personnels... Il cherchait à t'atteindre toi, ou ce que tu représentes ! De plus, la serrure a été arrachée, cela a du faire du bruit, bon sang ! Personne n'a rien vu ou entendu dans l'immeuble ?

- Tu as entendu Béatrice, apparemment elle est arrivée au bon moment, ce qui l'a fait fuir. Il n'y a que des gens comme moi ici ; nous travaillons toute la semaine et le vendredi soir, souvent les gens sortent et l'immeuble est plus ou moins vide.

- Bon, et bien, demandons à ton amie à quel commissariat nous devons nous présenter, puis nous refermerons ici dès que tu auras rassemblé toutes tes affaires !

Diana sursauta :
- Pas *toutes* mes affaires...
- Si, tous tes vêtements, tu déménages jusqu'à ce que l'histoire soit éclaircie !
- Mais, Mitia ?
- Il n'y a pas de mais ! Nous sommes en présence de quelqu'un de violent qui s'attaque au bien d'autrui pensant résoudre ainsi ses problèmes. C'est le plus mauvais cas de figure, car celle - ou celui - qui a fait cela, ne se remet pas en question, il ou elle cherche l'affrontement...

Diana repensa au regard de Julia et capitula :
- Je ne peux quand même pas habiter chez les Ogilvie, s'exclama-t-elle !
- Tu habiteras à la villa avec moi le temps qu'il faudra ! Ils doivent rentrer à Paris demain matin, mais je resterai avec toi, jusqu'à ce que Wladimir arrive pour prendre le relais !
Devant le ton sans réplique de son compagnon, elle se remémora soudain ce qu'Esther avait dit au petit déjeuner... Diana essaya de lutter - sans trop y croire - mais c'était aussi la première fois, depuis des années, qu'elle ne devait pas décider seule des responsabilités à prendre.
- Cela paraît si simple quand tu le dis...
- Mais *c'est* simple, trancha-t-il.
Vingt minutes plus tard, au volant de la voiture de la jeune femme, Mitia s'arrêtait devant le commissariat.

*

Samantha commençait à mourir de faim en attendant que ses parents les rejoignent dans le petit local où ils s'étaient réunis après leur périple à travers la ville et leur montée au Zürichberg. Esther voulait tout découvrir et profiter à fond de son court séjour dans la capitale alémanique.
- Bon, je suis désolée, mais je crois que je vais commander, car je ne tiens plus !
- Et moi, je vais faire comme toi, Sammie, renchérit sa belle-sœur.
Oliver leur jeta un regard interrogateur auquel elles répondirent par un sourire complice.

La jeune lady Schrödinger - Oliver avait appris la veille que son épouse gardait son titre de courtoisie malgré sa *chute sociale* - venait à peine de rendre la carte au garçon que la silhouette de son père s'encadra dans la porte d'entrée. Elle remarqua immédiatement, à l'air égaré de son amie, que quelque chose de grave venait de se produire ; rien à voir avec la romance imprévue qu'Esther leur avait contée, en « gravissant » le Zürichberg.

- Mais que s'est-il passé, Diana, voulut savoir Sam ?

Le temps qu'ils s'installent à leurs côtés, la jeune femme, d'une voix oppressée, expliqua à mots hachés ce qu'elle et Mitia avaient découvert plus tôt ce matin.

Oliver fut atterré.

- Cela ressemble bien à Julia de faire le maximum de dégâts avant de se retirer ; c'est une vengeance, mais je ne pense pas qu'elle aille plus loin, elle sait très bien à qui elle s'attaque.

Mitia ne parut pas convaincu par ses paroles.

- La violence avec laquelle elle, ou il, - pour l'instant rien n'est prouvé - a cherché à détruire systématiquement l'intimité de Diana démontre plutôt une personnalité très perturbée.

Oliver hocha la tête et Dimitri continua :

- Je vais rester avec Diana jusqu'à ce que l'on en sache plus ; pourrais-je compter sur votre aide dans les prochains jours ?

Les Schrödinger l'assurèrent de leur entière coopération et Sammie ajouta :

- S'il faut que tu partes, Mitia, nous pourrons habiter là-haut avec elle, le temps qu'il faudra…

- A propos d'habiter là-haut, intervint Dunvegan, j'ai quelque chose à vous proposer, les jeunes ; mais

nous en reparlerons à la descente, je préfère que Diana se remette d'abord de ses émotions en mangeant quelque chose.
Oliver jeta un coup d'œil de biais à son beau-père auquel celui-ci répondit par son sourire le plus innocent.

*

Deux semaines plus tard, les deux amies affrontaient en double amical l'équipe féminine de l'université.
Cet intermède était le bienvenu pour Diana, les derniers évènements ayant mis à rude épreuve ses nerfs et sa légendaire patience.
Oliver et Mitia suivaient le match avec intérêt, ce dernier était vraiment fasciné par l'efficacité de leur tandem.
- Tu comprends maintenant pourquoi elles ont été surnommées : « les tueuses »…
Finalement les deux jeunes étudiantes durent s'incliner hors d'haleine à six-quatre, six-deux !
Elles se serrèrent la main et gagnèrent les vestiaires.

Vingt minutes plus tard, à bout de patience, Smyslowsky finit par entrer chez les dames, suivi d'un Oliver un peu retissant.
Personne !
Sans la moindre gêne, Dimitri entra dans les douches des femmes, cherchant la sienne…
Les deux amies étaient tranquillement en train de bavarder, de rire et de s'arroser mutuellement.
L'entrée des deux hommes les fit sursauter et Sam furieuse visa son parrain avec le savon. Celui-ci le

rattrapa instinctivement, se mettant de la mousse plein les mains, puis lui renvoya.
- Mon cher Oliver, méfiez-vous… Ils ne vous ont pas encore proposé le *baptême au sécateur* ?
Schrödinger le regarda sans comprendre.
- Je vois que Sammie suit la règle des femmes du clan, alors je me répète, méfiez-vous !
- Ne l'écoute pas Ollie, c'est de l'intox, il cherche simplement à te faire peur !
Celui-ci n'eut pas le temps d'en apprendre davantage sur le danger imminent qui le guettait, car la porte s'ouvrit brutalement dans un rugissement effrayant et madame Berthold fit une entrée fracassante dans les douches !
- De jeunes innocentes viennent de me signaler la présence de deux satyres sévissant dans les douches, tonnait-elle, ce n'est pas un centre du FKK[12] ici !
Devant la carrure d'hôtesse sur Aeroflot de la préposée aux vestiaires, les deux hommes reculèrent prudemment…
Smyslowsky tenta une timide diversion, mais l'air décidé à en découdre de Madame Berthold eut raison de ses audaces.
- Nous nous demandions simplement où étaient passées nos femmes !
- Docteur Schrödinger, prenez votre petit camarade et disparaissez avant que je ne m'occupe moi-même de vous deux, rugit-elle de nouveau. Mais ce n'est pas possible à vos âges, espèces de voyeurs, vieillards lubriques…

---

[12] *Club naturiste allemand.*

Les deux amies riaient tellement de la mésaventure de leurs compagnons qu'elles devaient se cramponner aux robinets !

Au bout de quelques minutes, elles sortirent, leur hilarité à peine atténuée:

- Cela fait vraiment du bien, s'exclama Diana, rien de tel qu'un bon fou rire pour oublier tous ses soucis. Tu crois qu'ils nous attendent dehors ?

- Non, il en faut plus pour décourager Mitia, je pense qu'ils doivent nous attendre au bar.

Effectivement, les deux hommes discutaient tranquillement devant une bonne bière, sous le regard envieux d'un essaim de jeunes étudiantes aux yeux brillants de convoitise.

Diana eut un petit pincement au cœur en observant le profil de son amant... en quinze jours, sa vie avait totalement basculé ! Elle qui naviguait depuis des années sur pilote automatique, venait subitement de reprendre les commandes de sa propre existence, face à la vague de turbulences qui s'était abattue sur elle.

« Je connais peu de femmes qui ont l'étoffe de devenir vicomtesse en une nuit », lui avait dit Peter Ogilvie. Elle, de son côté, avait plutôt l'impression d'être co-pilote sur un 747 ! Sa relation avec Dimitri était tout sauf conventionnelle. Son compagnon, ayant au moins une nouvelle idée toutes les dix secondes, la sollicitait sans arrêt ; il était très soucieux de connaitre son avis, même s'il n'en faisait qu'à sa tête !

Il avait décidé qu'ils se marieraient dès qu'elle aurait fait la connaissance de ses parents !

Il ne lui venait pourtant pas à l'idée qu'elle en était malade d'angoisse ! Un mariage, au Liechtenstein, en plus!

A cet instant précis, Dimitri se tourna vers elle et la gratifia de son sourire le plus câlin. Bon, et bien pour l'instant, je vais me cantonner au rôle de fidèle aide de camp, abdiqua-t-elle !
La jeune femme saisit des bribes de leur conversation.
- Et qu'allez-vous prendre comme décision ? Demandait Mitia à Oliver.
- Oh, nous avons encore le temps, Pierre nous a proposé de lier la maison et l'institut de recherche dans un même projet, puisqu'ils se situent sur le même domaine, et - d'après Hayden - ce serait la meilleure solution financièrement ; c'est aussi mon avis, mais je n'ai jamais vécu dans une demeure aussi imposante...
D'un autre côté, c'est très pratique lorsque l'on doit recevoir ; il faut reconnaître que c'est beaucoup plus convivial que l'hôtel.
Ce qui m'ennuie un peu, en fait, continua-t-il, c'est qu'Ernst Friedrich nous a proposé un nouvel appartement chez lui et je sais que Sammie est très attachée à Kilchberg.
- Laissez mûrir votre décision ; la fondation ne démarre vraiment que dans trois ou quatre mois et d'ici là, il peut se passer beaucoup de choses.
Samantha s'assit sur les genoux de son satyre afin de faire taire le bruissement des vierges en folie de la table voisine et répliqua:
- Tu ne pourrais pas mieux dire, Mitia, nous avons de grands projets, Ollie et moi…

*

Oliver était étonné de voir à quel point ils s'entendaient bien tous les quatre.

Il s'était fait un peu tirer l'oreille, lorsque Samantha avait insisté pour tenir compagnie à Diana dans la demeure de ses parents - ou plutôt - dans la demeure qu'Ogilvie voulait leur offrir comme cadeau de mariage !

Schöne Aussicht le laissait perplexe car, s'il était objectif, il devait admettre qu'il s'y sentait plutôt bien, dans cette grande maison.

L'arrivée de Wladimir, secrétaire et homme de confiance du vicomte, avait permis à celui-ci de s'absenter quelques jours et chacun avait repris ses habitudes.

Samantha, libérée de son stage, secondait son époux dans le suivi des travaux de l'institut et les plans d'aménagement des futurs locaux de recherche.

Diana, quant à elle, passait au crible les différentes candidatures de jeunes chercheurs pouvant remplir les conditions requises par la fondation.

La directrice des relations humaines avait reçu de son mentor et amant, une liste impressionnante de points auxquels elle devait porter une attention particulière… liste qui, avec la bénédiction de Sam, avait atterri au fond d'un tiroir !

Un des problèmes majeurs d'Oliver était maintenant de nommer ses deux chefs de projet.

Durell avait été exclu d'office par Evan qui lui reprochait sa paresse à parler la langue de Goethe et Mitia lui avait suggéré la candidature de sa propre épouse. Mais il hésitait pour deux raisons : premièrement Sammie lui paraissait trop inexpérimentée et deuxièmement cela faisait trop pour la même famille ! Ce que l'on pourrait le lui reprocher plus tard…

Donc il continuait à chercher. Il avait bien pensé à Griesinger, le collègue de stage de Sam, mais comment allait-elle le prendre ? « Pourquoi Charles et pas moi ? Imaginait-il. Tu le trouves meilleur ? Tu as peur d'être entouré de trop de femmes ? » Il évoquait mentalement toutes les questions qui surgiraient à coup sûr. Heureusement, il pouvait reporter sa décision après les fêtes de fin d'année ; il comptait un peu sur une illumination à leur retour d'Ecosse...

Oliver comprenait plutôt bien l'angoisse de Diana à l'idée de passer les fêtes chez les parents de Mitia ; la sienne était au moins aussi grande vis-à-vis de Kinloch-Abbey, mais Esther et Evan les avaient invités si gentiment qu'il n'avait pas eu envie de refuser.

*
* *
*

Chapitre XIII

De l'eau, de l'eau, encore de l'eau… sous toutes ses formes… la neige, le brouillard, la pluie, les lacs et… la mer ! Encerclé par tant d'humidité, Oliver se réveilla en sursaut. Il mit quelques secondes à comprendre où il se trouvait ; il se rappelait maintenant vaguement le baiser de Sam avant de quitter le lit :
- Nous nous retrouvons pour le breakfast, mon amour ? Et, sans attendre sa réponse, ou peut-être avait-elle pris son grognement pour une acceptation, elle l'avait purement et simplement abandonné !
Il chassa de son esprit les dernières gouttes d'un rêve persistant et s'assit sur son séant.
Bien ! Ils étaient enfin arrivés hier soir tardivement au château, après un voyage mouvementé ; son premier Noël écossais était apparemment placé sous le signe des eaux, des grandes eaux !

Partis l'avant-veille de Zürich, ils avaient été d'abord détournés vers Francfort pour cause d'intempéries provoquant la fermeture des deux grands aéroports écossais : Glasgow et Edimbourg ! Comme si c'était nouveau d'avoir de la neige en décembre, dans le nord du pays !
Il avait alors regretté d'avoir repoussé la suggestion de son épouse qui consistait à passer par Londres pour rejoindre la famille de son frère, Hayden et continuer ensemble vers les Highlands.
Mais Oliver préférait rencontrer la famille de Sam en un seul bloc ! Il n'osait pas lui dire qu'il en avait

presque la nausée à l'avance, mais la connaissant, elle devait déjà s'en douter.

Le lendemain, ils avaient pu repartir dans la matinée et à l'arrivée dans la capitale industrielle écossaise, ils avaient appris qu'ils devaient faire le reste du trajet en voiture, car Drayton ne pouvait pas prendre trop de risque avec un hélicoptère de la Navy qui ne lui appartenait pas vraiment !

Trois cent cinquante kilomètres de route à travers les Low, puis les Highlands dans la pluie, le brouillard et la neige fondue les attendaient...
- Bienvenue dans nos montagnes, Sir, lui avait dit le chauffeur dès qu'ils eurent quittés les *Basseterres*, une espèce de colosse hirsute en jupe, rouge de poils et de peau, au sourire fendu jusqu'aux oreilles.

Au cours du voyage, il l'avait rassuré en lui disant que les Highlands ne réservaient ce genre de traitement qu'aux gens qu'ils chérissaient particulièrement !

Après six heures de route, laissant le Loch Carron puis le petit village de Kishorn et enfin Courthill Chapel derrière eux, ils avaient attaqué la dernière montée avant le Glen Kinloch. La neige avait fait place à la pluie, mais le brouillard, lui, ne les avait guère abandonnés ! Schrödinger était fasciné de voir sa femme et Chivas reprendre vie, une sorte de retour à la vie sauvage, certainement réservé aux seuls initiés.

Leur conducteur, un McMachin, parlant à peine anglais lui fit perdre le fil ténu de ses pensées...
- Ouaouhhh ! Ma Seigneurie, si nous parvenons à grimper ce soir, je vous promets une bonne partie de luge de l'autre côté.

Réflexion qui avait fait rire Samantha !

Oliver pensait mélancoliquement aux fêtes que leur amie Diana était *obligée* de passer sur la Côte d'Azur, Mitia préférant garder le Canada pour l'été... Un grand clairvoyant, cet homme !

La descente vers le château s'était révélée à la hauteur des espérances de monsieur McMachin et c'est en riant de bon cœur qu'il glissa consciencieusement de l'autre côté, s'approchant plusieurs fois, de dangereuse façon, de ce qui lui sembla être une étendue d'eau...

Finalement, ils durent abandonner face aux congères qui s'étaient formées dans un repli du chemin.

Oliver - à bout de patience - sortit de la voiture avec le sauvage en kilt pour essayer de voir ce qui les attendait. Il crut apercevoir, à la lumière des phares, une masse sombre non définie de l'autre côté du virage obstrué par la neige fraîche...

Frissonnant à ce souvenir, il sauta du lit pour se réchauffer en faisant le tour de la curieuse chambre.

Cette nuit, la neige tombait à l'horizontale, poussée par les violentes bourrasques de vent. La vision fantomatique s'était précisée et une forme vaguement rectangulaire, surmontée d'un dôme, se mit à hennir de joie en réponse au cri inarticulé lancé par le chauffeur... Le dôme sembla se désolidariser de sa base et prit la forme d'un être humain, emmitouflé dans une immense pelisse.

- Finnigan ! Rugit son épouse, sortant en trombe de la voiture pour courir à la rencontre du premier type qui se dressait devant elle ; vous êtes venu nous attendre ?

C'est ce qu'Oliver crut comprendre, n'ayant absolument aucune connaissance de ce patois que Sam persistait à appeler une langue et qu'il ne pensait être qu'une mauvaise habitude.
- Nous devons finir en carriole, c'est la seule façon de rejoindre Kinloch-Abbey ce soir, lui expliqua la jeune femme d'un air faussement désolé... Mais je te promets, dans dix minutes, quinze tout au plus, nous serons devant un magnifique feu de cheminée avec un double whisky à la main !
Faisant contre mauvaise fortune bon cœur, Schrödinger grimpa derrière elle, aidé par le Finnigan en pelisse...

Oliver s'étira, cherchant à savoir ce que sa compagne avait de si urgent à faire de bon matin ; s'approchant de la fenêtre, il remarqua que le temps avait l'air de s'être un peu amélioré.

Evan lui avait certifié la veille que cela allait se lever avec la marée. L'eau était vraiment partout dans ce pays et surtout de façon tout à fait désordonnée, lui semblait-il.

Dehors, un groupe de petits personnages pratiquait une sorte de ballet très lent... Il s'approcha, et à travers les vitraux qui composaient une magnifique fenêtre colorée, il essaya de comprendre le sens de ce qu'il voyait : du T'ai Chi ?

Il s'agissait certainement de cet art martial dont le marquis leur avait parlé, cette « gymnastique » héritée de leur mère Li-Ann ; il se pencha et chercha à reconnaître les différents participants.

Au même instant quelqu'un frappa à la porte de la chambre, pensant qu'il s'agissait, comme hier soir, d'une personne de service il cria :

- Entrez, je vous prie ! Dans son meilleur Anglais et il continua d'observer le groupe qui évoluait gracieusement dans un jardin à la française.
- Une bien curieuse famille, n'est-ce pas ? Fit remarquer une voix toute proche.

Oliver se retourna vivement, pour se trouver nez-à-nez avec le sosie de son épouse… fait homme !

Son air égaré fit rire le jeune homme :
- Je savais que l'on se ressemblait beaucoup, Sammie et moi, mais je vous rassure, ce n'est pas moi que vous avez épousé… Je suis Elliot Ogilvie-Macleod, continua-t-il en lui tendant la main ; je viens d'arriver et j'étais impatient de faire votre connaissance, Docteur Schrödinger.

Les deux hommes se serrèrent la main et Oliver resta captivé par la ressemblance entre le frère et la sœur.

Mêmes yeux, même sourire chaleureux, même grâce… Elliot, lui aussi, le regardait avec curiosité :
- Comment avez-vous fait pour apprivoiser ma sœur, Docteur ? Lui demanda-t-il.
- Vous savez, lord Elliot, je n'ai rien contre le fait que vous m'appeliez par mon prénom, répondit l'intéressé.
- Eh bien, laissons tomber les convenances dans la demeure de mon frère, accepta le jeune homme conciliant.

Nous sommes arrivés tôt ce matin avec la famille de mon frère Hayden. Hier soir, nous avons dû rebrousser chemin pour coucher à l'auberge, chez Madame Kincaid et ce matin, nous avons pu grimper derrière le chasse-neige. Mais je ne voudrais pas vous ennuyer avec mes histoires ; je voulais savoir si cela

vous intéressait d'assister à l'office des Laudes avec nous ?
- A l'office des qu'… pardon ? Répéta Schrödinger en haussant les sourcils.
- A l'office des Laudes, reprit Elliot en étouffant un rire, c'est une courte célébration religieuse matinale ; nous la chantons dans la chapelle du château.
- Ah oui… Samantha m'a prévenu que vous étiez une sorte de pasteur, ou de prêtre, je crois ?
- En fait, depuis l'ancestrale querelle entre la règle irlandaise et celle qui nous a été imposée par Rome, lui expliqua le jeune homme, les habitants de ces contrées reculées ne font plus guère de différences… à part quelques fanatiques qui sévissent encore dans nos montagnes et avec lesquels mon père et mon grand-père ont eu maille à partir. Non, dans cette vallée vous ne trouverez que des pasteurs suivant la tradition qui les arrange. Le siège papal les ayant trop souvent oubliés au cours de l'histoire, ils ont dû apprendre à se débrouiller tous seuls.

Mon propre cas est un peu différent, disons que j'hésite entre théologie et archéologie comme ma tante Pénélope.

Pour en revenir à ma proposition, je sais que mon père tient beaucoup à ces offices qui nous préparent aux fêtes de Noël, mais il n'y a aucune obligation, le rassura-t-il.
- Sauf que toute la famille y assiste, n'est-ce pas ?
Sans attendre de réponse, Oliver continua… donnez-moi quelques minutes et je vous rejoins.
Elliot sourit et lui proposa :
- Je vais plutôt vous attendre dans le petit salon voisin, car l'architecture de Kinloch-Abbey est assez complexe pour une personne étrangère.

Oliver entendit le son joyeux d'une cloche qui semblait venir de derrière le château et retrouva Elliot. Ensemble, ils descendirent l'un des grands escaliers autour desquels toutes les pièces de la demeure étaient disposées, selon les explications de son guide improvisé.

« La demeure est très grande, mais comme vous pouvez le constater, elle s'articule autour de ces deux escaliers qui forment en quelque sorte un grand ovale. »

Oliver avait un peu de mal à le suivre, tellement l'air patibulaire des différents portraits qui hantaient - car on ne pouvait pas vraiment parler de décoration - le couloir, retenaient son attention. Que des chasseurs ou des guerriers, pas étonnant que Sam n'ai pu fermer l'œil lorsqu'elle était petite ! Etonné, il se tourna vers son accompagnateur pour demander :

- Pourquoi n'y a-t-il aucun tableau de femme ?
- Oh, mais si bien sûr, ces dames sont rassemblées dans le grand hall.
- Ah, les portraits font salle séparée… pour des raisons religieuses peut-être ?

Sous le trait d'humour, le jeune homme émit un gloussement :

- Notre frère Drayton nomme les escaliers et les couloirs, la galerie des *Horribles* ; je pense que notre grand-père ne voulait pas laisser ces dames seules face à des sauvages armés jusqu'aux dents !

En traversant le grand hall, Oliver put vérifier la véracité des propos d'Elliot et ils se retrouvèrent dehors, accueillis, par un fort vent d'Ouest qui les fit frissonner malgré leurs vestes.

Le panorama qui s'étendait devant eux était grandiose, d'une beauté à couper le souffle. La neige couvrait encore le relief environnant, mais le soleil réussissait à faire de belles apparitions entre les nuages, et la vue plongeait vers un lac aux eaux transparentes. Une grande terrasse enneigée surplombait des jardins à la française qui se continuaient par une immense pelouse descendant en pente douce. Plus loin, les collines se rapprochaient des bords du lac pour former un couloir conduisant au petit col qu'ils avaient passé avec bien du mal la nuit dernière.

- C'est absolument splendide ! Ne put s'empêcher de dire Oliver.

Elliot sembla heureux de voir son beau-frère apprécier le panorama.

- Oui, et ce sont, avec l'auberge, les seuls lieux habités sur dix kilomètres… Nous sommes souvent coupés de tout en hiver. Heureusement, avec les chevaux il est facile de passer partout et Evan a même fait construire un petit héliport derrière la ferme.

Le groupe qu'Oliver avait observé plus tôt apparut devant lui, et son épouse s'en dégagea pour venir á sa rencontre.

- Tu dormais tellement bien ce matin que je n'ai pas eu le courage de te réveiller, lui dit-elle en le prenant par le bras. Tu as fait la connaissance d'Elliot, je vois, c'est lui qui t'a sorti du lit ?

- Non, ma chérie, j'étais en train de vous observer par la fenêtre de la chambre, c'est cela votre fameux T'ai Chi ?

- Oui, et c'est aussi la meilleure façon de se mettre en forme pour la journée ! S'exclama-t-elle.

- Alors, pourquoi ne le pratiques-tu pas à Zürich ?

- J'avais commencé au début, mais toute seule cela ne m'amuse pas, mais je peux te l'apprendre, si tu veux.

Schrödinger hocha la tête :
- Cela ressemble à une gymnastique ou à un ballet au ralenti, lui fit-il remarquer.

Un couple s'avança vers eux, suivi d'une fillette et Samantha lui présenta son frère Hayden, son épouse Alessandra, coiffée d'un charmant petit chapeau très citadin et la jeune Félicité âgée de trois ans. Les hommes se serrèrent la main et Oliver s'inclina devant sa nouvelle belle-sœur, derrière laquelle la petite fille se cacha lorsqu'il s'approcha.

La cloche retentit de nouveau et le groupe se mit en route vers l'aile est du château en bavardant joyeusement.

Une fois la demeure dépassée, Arthur et Bénédict escaladèrent en courant le promontoire sur lequel se trouvait la plus charmante petite chapelle qu'Oliver ait jamais vue !

- Mais, on croirait une chapelle allemande, s'écria-t-il !

Lord Peter acquiesça et lui expliqua qu'elle datait de l'époque de son père. C'était une copie, en quelque sorte, de celle que lady Elisabeth, son épouse, retrouvait tous les ans chez ses cousins de Hesse et dont il était tombé éperdument amoureux lors de leur première rencontre.

Schrödinger s'étonna de voir le nombre de personnes qui se pressaient vers un lieu de culte si pittoresque. Il en sortait de tous les bâtiments avoisinants qui entouraient le château. Les gens s'interpellaient en grimpant la colline.

A l'intérieur de la chapelle, ce que l'on remarquait au premier abord, ce n'était pas l'autel mais l'immense cheminée ! Elle occupait tout le côté gauche et l'on aurait pu y faire rôtir les douze apôtres en même temps, pensa Oliver avec un certain cynisme…

Juste avant le début de l'office, Elliot lui glissa un ouvrage dans les mains.

- Pour le cas où vous seriez un peu perdu, la traduction en latin et gaélique.

Le mécréant qu'il affectait d'être fut touché par cette attention fraternelle et reporta son attention vers l'assemblée.

La famille Ogilvie s'était regroupée sur les bancs de droite et les habitants de la vallée occupaient le côté cheminée, hommes, femmes, enfants…

Elliot commença l'office entonnant la formule d'accueil et toute l'assemblée lui répondit en chœur. Deux jeunes garçons accompagnaient le célébrant, armés de cierges d'une taille impressionnante.

Il se laissa porter par le rythme des psaumes qui s'enchaînaient et la ferveur campagnarde qui faisait vibrer les murs de l'édifice.

De très jolis vitraux laissaient filtrer une lumière tamisée aux reflets multicolores ; chaque participant avait sa couleur particulière, remarqua-t-il.

La lecture des textes en gaélique lui étant assez impénétrable, Samantha lui indiqua la page dans le livre qui lui avait été confié. Il fut de nouveau subjugué par la qualité des voix qui se répondaient d'un banc à l'autre en alternance, écho amplifié par les murs de la chapelle.

Quelque vingt minutes plus tard, tout le monde se rassembla près de la cheminée, dans laquelle trônait un chaudron hors d'âge. Chacun reçut dans un petit bol une bouillie à base de flocons d'avoine, additionnée de whisky pour les adultes, breuvage apparemment nécessaire au futur déroulement de la journée.

Puis, dans un dernier cri de joie, l'assemblée se sépara pour vaquer à ses occupations quotidiennes.

- Maintenant, tu vas avoir droit à un petit déjeuner typique des Highlands, lui annonça son épouse en se pressant contre lui. Comment te sens-tu, Ollie ? J'ai peur que tout cela soit un peu trop pour toi.

- Effectivement, vous avez des coutumes un peu... étranges pour moi ; mais tu sais, je suis tellement loin de la question religieuse, il ne faut pas trop m'en vouloir, ma chérie, lui avoua-t-il.

- Si c'est trop lourd pour toi, nous pouvons aussi partir dès que Noël sera fini et passer la saint Sylvestre à Zürich.

- Et gâcher le plaisir que vous avez tous à vous retrouver ensemble ? Sam, je ne suis pas égoïste à ce point !

Au même instant, son beau-frère Evan lui tapa sur l'épaule en lui demandant :

- Docteur Schrödinger, savez-vous monter à cheval ?
- Disons que je me tiens à peu près en selle, répondit prudemment l'intéressé, Monseigneur aurait-il des projets particuliers pour l'humble roturier que je suis ?
Le marquis éclata de rire et s'expliqua :
- Après le breakfast, une partie de la famille se retrouve pour mettre la touche finale au concert de ce soir, mais nous sommes exemptés, car, dans mon cas, Esther me fait déjà répéter depuis des mois, et de votre côté, mon cher, vous êtes passé au travers des mailles du filet... Vous ne jouez vraiment d'aucun instrument ?
- Au cours de ma jeunesse studieuse, j'ai appris la clarinette puis le hautbois mais... c'était il y a des lustres.
- Et bien sûr, vous n'en avez parlé à personne.
- Oh, c'était tout à fait involontaire de ma part, je n'y ai tout simplement plus pensé.
- Dans ce cas, j'aimerais profiter de cette magnifique accalmie pour vous faire visiter le domaine, cela vous tenterait-il ?
Schrödinger regarda son beau-frère, un homme de son âge, grand, brun, les cheveux toujours en bataille, les yeux d'un vert si pénétrant qu'il était impossible de lui résister, le tout agrémenté d'un sourire à faire fondre la glace... Il céda sans combattre :
- Serait-ce une nouvelle épreuve initiatique ?
Evan lui sourit et le rassura :
- Non, je dois faire la tournée de mes gens avec Jacob mon régisseur et beau-frère ; apparemment le temps nous permet d'espérer une agréable randonnée. Il n'y a aucun piège, Docteur !

- Dans ce cas, c'est avec plaisir que j'accepte votre invitation, répondit celui-ci.

Après un petit déjeuner pantagruélique, la petite troupe se mit en route. Evan et Jacob ouvraient la marche, suivis par Oliver et Finnigan, que Samantha avait prié de veiller sur son époux.

Sir Oliver, comme l'avait baptisé le personnel, avait refusé la selle anglaise et pris le tapis de laine feutrée que les autochtones utilisaient depuis la nuit des temps ; après tout, il était le seul à ne pas monter en « jupe » et malgré les mises en garde de son épouse, il avait accepté le cheval qu'Evan avait choisi pour lui.

- Vulcain est peut-être un peu vif, mais il a le pied très sûr ; nous avons ajouté une rêne supplémentaire pour vous cramponner, si nécessaire ; en cas de problème, accrochez-vous à la crinière, serrez les jambes, et laissez faire votre cheval.

Sur ces paroles édifiantes, ils avaient quitté les écuries et rejoint la crête qui surplombait le lac. Avec l'altitude, le château et ses dépendances prirent rapidement des allures de carte postale.

Ils chevauchaient depuis plus d'une heure et Schrödinger ne se lassait pas du paysage sauvage au sein duquel ils évoluaient. Tout autour de lui, il sentait la force de cette nature tourmentée balayée par le vent. Les quelques arbres qui poussaient à l'abri des rochers près du château avaient rapidement fait place aux bouquets de genêts et à la bruyère. Dans cette immensité verte, poudrée de neige fraîche et piquée de multiples sources, les quatre cavaliers avançaient au pas ou au petit galop, allures qu'Oliver pouvait maîtriser... le trot -sans selle- lui semblait au-dessus de ses moyens !

Ils avaient visité plusieurs fermes perdues au milieu des collines et partout Evan semblait bien accueilli par les habitants ; il présentait à tous son beau-frère germanique et les gens s'inclinaient respectueusement devant lui ou lançaient leurs bérets en l'air pour l'acclamer.

La simplicité et la joie avec lesquelles les habitants de ces endroits reculés acceptaient l'époux de la jeune lady Samantha l'embarrassait un peu.

Leurs habitations étaient très rustiques et le marquis lui expliqua qu'ils jouissaient de quelques acres de terre et de têtes de bétail, en contrepartie, ils aidaient lors des gros travaux sur le domaine ou pendant la tonte et le comptage des quelques milliers de moutons qui vivaient sur la lande ; les femmes étaient encore nombreuses à filer la laine de leurs propres bêtes qu'elles vendaient ensuite à la nouvelle filature de Kishorn.

Evan lui raconta aussi qu'il avait voulu miser à fond sur ces produits locaux, sur le tourisme et la pêche l'été ; la chasse était réservée à l'automne. Il avait aidé ses gens - comme il les appelait - à agrandir leurs demeures, afin de recevoir les randonneurs à pied ou à cheval.

Malheureusement, toutes ces activités restaient limitées aux mois les plus cléments. Sur le domaine, il avait fait construire des routes, des ponts, trois auberges, mais la seule qui restait ouverte toute l'année était celle de madame Kincaid.

Arrivés au sommet d'une colline qui surplombait toute la vallée, Evan lui indiqua deux chemins :

- Sur la droite, on peut redescendre vers Loch Carron et à gauche, au fond là-bas, on aperçoit l'église presbytérienne de Glendevon avec son petit hameau.
- Et le repaire des derniers fanatiques religieux, grommela Finnigan !

Oliver fut étonné de l'entendre s'exprimer en anglais, il se tourna vers lui, attendant d'autres explications...

Jacob et Evan échangèrent un regard ambigu, mais personne ne voulut s'exprimer sur ce sujet.

Etonné de ce brusque changement d'humeur, Schrödinger s'arrangea pour chevaucher aux côtés du régisseur de lord Peter, attendant le bon moment pour poser ses questions.

Les quatre hommes redescendirent prudemment par un mauvais sentier et au détour du chemin la mer apparut soudainement entre les nuages ; au loin il lui sembla apercevoir un chapelet d'îles flottant parmi les brumes.

Finnigan suivit son regard et déclara :
- Ce sont les Hébrides, la plus proche, c'est Skye, la demeure de Sa Grâce ; et dans le lointain on peut voir, ou plutôt imaginer, la présence d'Harris et de Lewis.

Il y a un chemin assez périlleux qui descend d'ici vers Ard-Dhubh et l'on peut embarquer pour Skye sur un bateau de pêcheur.

Evan se joignit à la conversation :
- Oui, c'est beaucoup plus pratique que de faire le grand tour, mais il faut avoir le cœur bien accroché, car la traversée est rarement de tout repos ! Il y a de forts courants entre les différents bras de mer pour rejoindre Skye.

L'après-midi tirait à sa fin lorsqu'ils regagnèrent la petite vallée de Kinloch-Abbey. Ils rentrèrent par la route qu'Oliver et Samantha avaient empruntée la veille. La neige avait pratiquement disparu et, vu du col, les corps de bâtiments luisaient sous les derniers rayons du soleil, enchâssés dans leur écrin de verdure. Schrödinger comprenait mieux maintenant, l'attachement de la famille Ogilvie pour cet endroit si reculé mais si romantique avec son château de conte de fées, ces dépendances dont les toits gris se détachaient parmi les arbres, ses enclos et sa petite chapelle exilée...

- Tiens, j'aperçois l'hélicoptère... Drayton est arrivé lui aussi, et se tournant vers l'époux de sa sœur, le marquis continua :

- Vous allez faire la connaissance du marin de la famille, accompagné de ses pupilles : Catarina, Deborah et Flora Mackenzie.

Devant les ricanements de Jacob et Finnigan et voyant l'air étonné d'Oliver, Evan s'expliqua :

- Le parrain de mon frère à l'école navale, l'amiral Arthur Mackenzie, est décédé l'année dernière en lui léguant ses biens et... la tutelle de ses trois filles !

Le choc pour Drayton, qui n'a jamais voulu s'engager pour autre chose que la mer, a été terrible... Il a même demandé à notre père s'il y avait un moyen de refuser un héritage ! Ce dernier lui a répondu qu'un Ogilvie devait toujours faire face avec *Dignité et Simplicité* à ses responsabilités, même s'il devait en grincer des dents du début jusqu'à la fin ; Drayton a finalement réussi, après quelques semaines d'adaptation, l'exploit de prendre Catarina comme maîtresse, et à eux deux, ils assument la charge de l'éducation de ses deux sœurs et la gestion des domaines.

Les éclats de rire d'Oliver se joignirent aux gloussements que les deux comparses essayaient tant bien que mal de réprimer.

- Et comment Sa Grâce, lord Peter, a-t-elle réagi à cette nouvelle ? S'enquit Schrödinger entre deux fous rires.

- Comme il se doit, répondit le marquis, mon père est le parrain de Catarina. Il est entré dans une rage folle. Il venait à peine de se remettre de mon propre mariage et cela faisait beaucoup pour la même année ! Il a sommé Drayton d'épouser Catarina, mais celle-ci a refusé, prétextant qu'elle voulait profiter un peu de sa nouvelle liberté !

« Quelle famille attachante », reprit Oliver… Il se passe toujours quelque chose chez vous !

Les cavaliers abordèrent le dernier virage et Evan proposa un petit galop d'honneur pour rentrer à Kinloch.

- Petit comment, le galop ? S'inquiéta son beau-frère.

- Serre les genoux et cramponne-toi à la crinière de Vulcain ; je te promets que tu ne tomberas pas devant ta femme, lui répondit le marquis avant de détaler au grand galop !

Avant qu'Oliver eût le temps de remarquer le tutoiement, Finnigan se plaça à ses côtés et prit un petit galop qu'il rythma de claquements de langue. Les deux bêtes prirent l'allure de concert et accélérèrent au fur et à mesure…

Ils débouchèrent sur la terrasse, tels les quatre cavaliers de l'Apocalypse, sous le regard médusé du reste de la famille.

Chapitre XIV

Commencée sous le signe des eaux, le reste de la semaine fut relativement clément, ainsi Samantha et Oliver purent faire plusieurs escapades en amoureux, à pied ou à cheval.

Schrödinger retrouvait une certaine similitude avec les fêtes de Noël qui avaient peuplé son enfance et il devait admettre que la famille de son épouse était pleine d'heureuses surprises.

Le concert pour la veillée de Noël avait été un enchantement, la chorale locale formée par la famille et les « gens » de Sa Seigneurie avait tenu ses promesses. Elle était accompagnée par Hayden au violoncelle et Evan au violon ; Drayton avait une magnifique voix de baryton et jouait aussi sur le vieil harmonium, sa belle-sœur Esther dirigeait son petit monde avec sérieux et compétence.

Samantha, Arthur et Elliot avaient chanté ensemble quelques cantiques anciens arrangés par leur hôtesse qui les avait dénichés au cours de ses randonnées dans les églises et les chapelles de la région.

L'assemblée était venue de loin malgré les intempéries et même l'absence remarquée du pasteur Brodie et de sa sœur n'avait pas réussi à ternir le plaisir de chacun.

Les passes d'armes musclées entre Deborah et son tuteur, auxquelles Oliver avait participé plusieurs fois, à la grande fierté de son épouse - même s'il n'arrivait pas encore très bien à sauter sur les tables sous les hourras du personnel -, les immenses tablées avec les enfants courant dans tous les sens, le concours de chapeaux de ces dames et… certainement le clou des réjouissances : le bal de la Sainte Famille avec tous ces hommes en kilt, rien n'avait été laissé au hasard !

Oliver n'avait jamais été un grand adepte de ce genre d'exercice, mais il devait avouer que l'exubérance avec laquelle ses jeunes beaux-frères et belles-sœurs dansaient leur quadrille au son de la cornemuse était plutôt contagieuse et ce spectacle, rehaussé par les tenues multicolores de ces messieurs, méritait vraiment de finir dans les annales familiales…

Finnigan se révélait pour Oliver une source inépuisable de renseignements et tous deux avaient sympathisé pour la plus grande joie de son épouse. Derrière son air plutôt farouche, le régisseur de Dunvegan était très attentif à tout ce qui concernait Samantha.

Il y avait pourtant un certain nombre de choses sur lesquelles un voile semblait s'être déposé et plusieurs fois Finnigan avait éludé ses questions… Il semblait planer un mystère sur la naissance de sa femme ainsi que sur l'animosité entre Lord Peter et le pasteur de Glendevon que personne n'avait envie de voir remonter à la surface.

La seule indication que le fidèle serviteur du duc lui avait fournie indirectement était :

- Il y a des choses que même Sa Seigneurie n'arrive pas à pardonner, lui avait-il laissé entendre.

- Et si ces choses, comme vous dites, font souffrir inconsciemment une jeune femme, ne vaut-il pas mieux en parler ?

Finnigan l'avait regardé avec une poignante tristesse qui avait provoqué l'arrêt immédiat des questions d'Oliver.

Pour toutes ces raisons, par un après-midi froid mais étonnamment ensoleillé, ils étaient descendus tous les deux vers l'église de Glendevon... La jeune femme avait trouvé la direction un peu étrange, mais elle avait suivi son époux en cherchant à le taquiner :
- Et que penses-tu trouver là-bas ?
Schrödinger avait répondu sincèrement :
- Je n'en sais rien, mon cœur, mais je n'aime pas ne pas comprendre...
- Le scientifique se rebiffe, ma parole !
- Dis-moi, Sam, où est enterrée ta mère ? Poursuivit-il.
Tout à coup, la jeune femme comprit la raison de leur excursion :
- Dans le cimetière de l'église, pourquoi ? Tu crois que mon père nous a caché quelque chose ? Voulut-elle savoir.
Sans répondre, Oliver continua :
- Et quand es-tu venue ici pour la dernière fois ?
Samantha sembla réfléchir profondément :
- Oh... il y a assez longtemps... Après le mariage de mon père avec Danaëlle, nous avons déménagé assez vite à Paris ; Eliott et moi, nous avons commencé à Sainte Marie de Monceau lorsque j'avais huit ou neuf ans. Nous ne revenions en Ecosse que pour les vacances et plutôt à Skye qu'à Kinloch-Abbey. Je crois que je suis venue une fois ici avec Danaëlle...
Mon père préfère toujours venir seul ; cet endroit lui rappelle trop de souvenirs.
- Est-ce qu'il t'a raconté ta naissance ?

- Non, je n'ai jamais osé lui en parler à cause de son chagrin... mais Finnigan l'a fait.
- Et il ne lui est pas venu à l'idée que toi aussi tu pouvais avoir de la peine ?
- Où veux-tu en venir, Ollie ?
- Tu sais que je suis un chercheur tenace, ma chérie, et lorsque je suis sur une piste, je ne lâche jamais jusqu'à ce que j'ai trouvé la réponse à mes questions.

Ils continuèrent à chevaucher en silence suivant le sentier qui longeait le lac. Oliver avait découvert que le cheval était vraiment le moyen de transport le plus adapté au terrain et malgré les nombreuses courbatures qui l'obligeaient à dormir sur le ventre depuis quelques jours, il n'aurait rien échangé contre cette promenade bucolique au cœur de la lande sous un ciel immense, dans lequel les courlis s'interpellaient bruyamment. Le vent était léger, il avait la plus jolie femme du monde à ses côtés... que pouvait-il rêver de mieux ?
- Il y a combien de kilomètres entre le château et Glendevon ? Lui demanda-t-il, sortant subitement de son silence.
- Huit miles environ, lui répondit la jeune femme, c'est le fond de l'autre vallée. Il y a encore quelques fermes, plus haut, mais ce sont surtout les alpinistes qui profitent des lieux.
- Et c'est par là qu'Evan a fait sa fugue avec Esther ?
- Oui, tout à fait ! Répondit-elle en riant et pour y monter, on est obligé de passer près du presbytère de son père... C'est comme cela qu'ils se sont fait prendre par la faute de la vieille folle !

- Cette famille semble maudite et pourtant Jacob et Esther sont extraordinairement sympathiques ?
  Sa femme le regarda d'un air interrogateur :
- Je suis bien de ton avis et je pense que c'est un peu à cause de cette prétendue malédiction, que mon grand-père ne les a pas fait chasser de la vallée !
- Pardon ?
- Mon grand-père est mort de chagrin deux ou trois ans après ma mère... Il ne s'est jamais pardonné de l'avoir laissée partir seule. Mon père a cru qu'ils s'étaient disputés mais en fait, le vieux duc avait été appelé par un fermier qui avait perdu des bêtes dans le défilé de Sligachan et il pensait la rejoindre plus tard... Mais la tempête en a décidé autrement ; il n'a jamais pu traverser le col et il a dû rentrer au château en contournant les collines.
- Ton père était absent ?
- Oui, il rentrait de Londres mais il avait été également retardé par les chutes de neige.
  Se rappelant leur arrivée mouvementée la veille de Noël, Oliver n'avait pas trop de mal à se représenter les évènements - surtout à cette époque - un enchaînement dramatique de circonstances qui s'était acheminé vers une fin tragique.
- Tu sais, Sam, j'apprécie beaucoup ton père, mais il y a quelque chose qui cloche dans cette histoire... te rappelles-tu ce que tu m'as dit au cours de notre première nuit ?
  La jeune femme le regarda les yeux brillants et répondit :
- Oui, quand tu m'as demandé de devenir ta femme, je t'ai répondu qu'alors nous ne serions plus jamais seuls... Mais sincèrement, je ne sais pas vraiment

pourquoi je t'ai dit cela... C'est sorti tout simplement !
Son époux lui sourit et ajouta :
- Comme lorsque tu as dit à Evan et Esther qu'ils auraient un garçon qu'ils appelleraient Duncan... Comment pouvais-tu le savoir ?
- Euhhh...
- C'est bien la meilleure réponse scientifique que j'attendais de toi, mon cœur, s'exclama Oliver en riant.

Soudain Vulcain se mit à hennir joyeusement en encensant et... sortant de nulle part, Finnigan fit son apparition !
- Que leur Seigneurie veuille bien m'excuser, mais j'ai trouvé votre destination étrange.
- Êtes-vous chargé de notre surveillance, mon cher Finnigan ? S'informa Schrödinger.
Samantha l'interrompit :
- Depuis que je peux me déplacer toute seule, il a été chargé de me suivre partout...
S'adressant au régisseur, Oliver continua :
- Je suis capable de veiller seul sur mon épouse.
- Sur votre épouse certainement, Sir Oliver, mais qui veillera sur vous ? Renchérit le dévoué serviteur.
Schrödinger le regarda, l'air interrogateur :
- Pensez-vous que nous risquons quelque chose ?
- Je pense que vous êtes trop curieux, Docteur, et que cela peut vous valoir certains désagréments... Considérez-moi comme votre ombre et tout se passera bien.
Samantha intervint dans la conversation :
- Mais de quoi parlez-vous tous les deux ?

Les deux hommes se regardèrent en silence et Oliver reprit le chemin de Glendevon.

A l'entrée du hameau, les cavaliers prirent la direction de l'église. Celle-ci se tenait à l'abri d'une petite hauteur couverte de sapins, entourée de son vieux cimetière. L'endroit aurait pu être ravissant, mais une angoisse diffuse commençait à gagner Schrödinger, l'empêchant d'apprécier le décor sauvage qui l'entourait. Les quelques maisons qui formaient ce lieu-dit étaient rassemblées autour d'un joli manoir de trois étages entouré d'un grand jardin qui s'étendait jusqu'à un petit loch. Une source jaillissait des collines avoisinantes et descendait en cascades vers les habitations. Le silence qui régnait en ces lieux lui donnait un air solennel un peu désuet. Les trois cavaliers traversèrent le pont de pierre et atteignirent l'église dont le clocher se mit à sonner.

Un groupe de paroissiens sortit de l'édifice, précédé par un homme corpulent qui s'appuyait sur une canne. A la vue des cavaliers, il s'arrêta brusquement, reconnaissant le tartan qu'ils portaient.

Oliver s'avança en tête et salua :
- Bonjour, je suis l'époux de lady Samantha Schrödinger, nous venons nous recueillir sur la tombe de feu la marquise de Kinloch, sa mère.

Le pasteur Brodie le regarda, sembla le jauger et répondit avec hauteur :
- On ne vous a pas prévenu, jeune homme, que la famille Ogilvie n'est pas la bienvenue en ces lieux, depuis qu'elle a souillé notre cimetière par des dépouilles impies !

Schrödinger crut, un instant, avoir mal compris… Il prit vaguement conscience du grognement de Finnigan, dont le cheval venait de faire un écart, sentant la nervosité de son cavalier.

La colère qui le submergea soudainement comme un fleuve brûlant venait de loin… de très loin… de cet après-midi de printemps, douze ans auparavant, où il pleurait de rage, serrant les poings devant la tombe de son père, en écoutant l'arrogance et la stupidité avec laquelle le prêtre faisait l'éloge funèbre du professeur Dr. Dr. Stephan Schrödinger, le libre penseur !

Il sauta de son cheval, rassura Vulcain en lui flattant l'encolure et se dirigea droit vers l'homme hautain appuyé impérieusement sur sa canne.

- Pouvez-vous me répéter ce que vous venez de dire ?

Le pasteur ne répondit pas, mais la colère qu'il lut dans les yeux de son interlocuteur ne lui échappa nullement.

Devant son mutisme, Oliver reprit :

- Vous allez immédiatement présenter vos excuses à mon épouse et vous expliquer sur la gravité des accusations que vous venez de porter, gronda-t-il.

Brodie recula de quelques pas et répondit :

- C'est tout à fait hors de question !

Oliver lutta pour retrouver son calme ; il sentait la présence rassurante de Finnigan dans son dos et son conseil lui revint brièvement en mémoire…

- Un gentilhomme ne descend *jamais* de cheval pour se mettre au niveau de ses gens !

Trop tard ! Mais il attaqua le pasteur sans sommation d'une voix glaciale :

- Savez-vous ce que les *catholiques* possèdent et qui vous fait complètement défaut ?

Sans attendre de réponse, il continua :
- La dimension du pardon, la compassion. Je reconnais que dans votre cas cela doit être très dur... Lorsque l'on est sous le régime de la grâce et que l'on s'aperçoit qu'elle tombe toujours chez les autres en vous évitant scrupuleusement... on s'aigrit... Vous avez perdu votre femme, m'a-t-on dit... la mère de vos six enfants... puis votre fils ainé, Isaac, dans un accident... votre fils Jacob est le régisseur apprécié du château et finalement, sur le conseil de votre sœur, vous avez vendu votre fille cadette au Seigneur de Kinloch-Abbey, soi-disant pour faute grave ?

Bravo ! Quel exemple édifiant pour vos paroissiens, lui asséna le jeune homme, je vous souhaite une agonie très longue afin de régler tout cela avant de partir en paix vers votre créateur !

Un glapissement étranglé s'échappa du groupe derrière Brodie et une vieille harpie, toute vêtue de noir, sortit des rangs :
- Espèce de sale assassin de juifs, s'écria-t-elle !

Les nouvelles se propageaient vite dans ces montagnes apparemment...

Oliver partit d'un immense éclat de rire libérateur :
- Manque de chance, Madame, s'excusa-t-il, je ne suis qu'Autrichien !

Le pasteur s'était tassé sur sa canne et ressemblait maintenant à un vieil homme totalement désemparé.

Pendant quelques secondes, Schrödinger se demanda s'il n'avait pas frappé trop fort... mais non ! Le père d'Esther et Jacob méritait une bonne leçon ; il lui était à présent impossible de supporter ce clergé qui sous des dehors bien-pensants s'attribuait les grâces de l'Eglise. Il faudrait en toute hâte, pensa-t-il, que la hiérarchie ecclésiale propose des stages de lavement de pieds à ses membres afin, de leur remettre les pendules à l'heure du Christ !

Et dans le silence pesant qui suivit, on entendit Finnigan applaudir...

Le pasteur, accompagné de sa sœur, dépassa Oliver sans un mot et salua lady Samantha.

- Les tombes que vous cherchez sont derrière l'église, marmonna-t-il ; je vous souhaite bien du courage !

Le petit groupe se dissipa pour rejoindre le hameau.

Restés seuls, ils se dirigèrent vers l'arrière du cimetière après avoir confié leurs chevaux au régisseur.

*

Intrigué par les paroles de Brodie et l'attitude de Finnigan, le jeune couple s'avança dans l'herbe parmi les sépultures. Ils trouvèrent bientôt celles de la famille Ogilvie ; certaines étaient très anciennes, mais Samantha découvrit assez vite celle qu'ils cherchaient.

Li-Ann Ogilvie-Macleod reposait sous un grand sapin ; une simple croix gaélique en granit entourée de buissons d'hortensias et de rhododendrons.

La croix portait une inscription, suivie d'un nom, d'un titre et d'une date :

Li-Ann Ogilvie-Macleod
Marquise de Kinloch-Abbey
1934-1960

Les jeunes gens se prirent par la main et se recueillirent quelques instants, puis le regard d'Oliver fut attiré sur sa gauche par une tombe semblable mais plus petite.

Il s'en approcha, suivi de sa femme qui frissonnait. Les yeux de Schrödinger enregistrèrent ce qui était écrit sur la petite croix mais refusèrent de le transmettre à son cerveau... Il sentit la main de Samantha se raidir dans la sienne et elle poussa un cri étouffé.
- Oh non ! Ce n'est pas possible, pourquoi ?
Une boule se forma dans la gorge d'Oliver, il prit son épouse dans ses bras et la serra contre lui de toutes ses forces...
- Ma chérie... ma pauvre chérie...

A la droite de sa mère reposait depuis vingt-deux ans :

Lucie Ogilvie-Macleod
1 novembre 1960

Ils restèrent longtemps silencieux entre les deux sépultures ; Samantha pleurait la sœur dont elle avait été si proche pendant des mois, bien au chaud toutes les deux... Puis, qu'elle avait abandonnée dans ce froid glacial pour vivre sa vie ; une solitude dont elle n'avait jamais pu se guérir vraiment.

- Mais pourquoi moi et pas Lucie ? Se lamentait-elle sans cesse.

Le retour au château fut triste ; Schrödinger avait pris Sammie en selle devant lui et il la serrait tendrement, il remarqua les yeux rougis de Finnigan, mais ne fit aucun commentaire.
- Ce n'est pas ta faute, mon cœur, cela ne peut pas être de ta faute, insista-t-il ; maintenant que nous avons découvert Lucie, il faut que tu vives pour deux... ainsi, elle ne sera plus jamais seule...

*

Blottis l'un contre l'autre dans l'immense lit à baldaquin, Sam et Oliver se remémoraient les évènements de la soirée.
A leur retour, lord Peter les avait accueillis. Il paraissait soucieux ; il s'approcha de sa fille pour l'aider à descendre de cheval, mais celle-ci hésita... puis accepta la main tendue.
- Pourquoi ne m'avez-vous jamais rien dit au sujet de Lucie, lui reprocha-t-elle ? Pourquoi toutes ces années de silence ?
Dunvegan regarda sa fille avec un sourire triste :
- Je croyais te protéger... Je ne voulais surtout pas que tu penses que peut-être ta mère avait fait un choix entre vous deux, ou que tu te reproches d'être celle qui avait survécu...
Samantha lui jeta vivement :
- J'ai toujours eu l'impression de profiter de quelque chose que je n'avais pas mérité !

Oliver était descendu de cheval et après avoir remercié Finnigan et lui avoir confié Vulcain, il s'approcha de son beau-père et lui avoua :
- J'étais obligé d'en avoir le cœur net... Sammie en souffrait encore sans savoir pourquoi.

Lord Peter les regarda tous les deux gravement et leur dit :
- Venez nous retrouver dès que vous serez changés, cette affaire a assez duré et je dois l'entière vérité à ma fille.

Il se tourna vers Danaëlle qui les avait rejoints et lui dit :
- Vous aviez raison depuis le début, Madame...

Dans la bibliothèque du château s'étaient rassemblés les adultes de la famille, à la demande d'Evan. Dunvegan les pria de prendre place et commença un douloureux récit :

« A part ceux qui m'accompagnèrent lors des recherches pour retrouver votre mère - il y a maintenant plus de vingt ans - une seule personne ici connaît toute l'histoire, c'est votre belle-mère Danaëlle... Le secret était trop lourd à porter pour moi seul... et lorsqu'Evan a repris la charge de Kinloch-Abbey, je lui ai parlé également de la sœur jumelle de Samantha, mais non de mon ressentiment envers le pasteur Brodie...

Au cours de cette épouvantable journée, nous avions parcouru les trois-quarts du domaine sous la tempête de neige... Puis, il nous a semblé entendre un long hurlement provenant du fond du défilé de Sligachan.

Nous étions frigorifiés, épuisés, mais Finnigan avait reconnu l'aboiement du vieux Chivas-Régal. Nous avons donc continué à travers le brouillard, cherchant à diriger nos pas dans cette direction. »

Lord Peter s'arrêta quelques instants avant de continuer son récit...

« Lorsque nous sommes arrivés auprès de Li-Ann, j'ai compris qu'il était déjà trop tard. La vieille cabane du col avait certes pu la protéger un peu de la neige, mais votre mère s'était endormie à cause du froid ; elle a un peu repris connaissance lorsque je l'ai prise dans mes bras mais je ne suis pas sûr qu'elle m'ait vraiment reconnu... Elle avait perdu beaucoup de sang... Tout contre elle, le chien avait creusé un trou où elle avait caché les deux petites enroulées dans son plaid. A notre arrivée, Chivas refusa de se lever, il était couvert de neige et semblait exténué. Isaac, le fils Brodie, l'écarta afin que Finnigan puisse dégager les petites... Votre mère savait qu'elle attendait des jumelles... Nous avions décidé de vous appeler Claire et Lucie...

Pour le reste, je ne me rappelle que d'une descente interminable jusqu'à Glendevon, dans un grand froid... Je suis entré dans l'église et j'ai déposé mon épouse inanimée devant l'autel, en haut des marches. Je voulais mettre Dieu devant son propre forfait, exiger de lui une réponse face à cette tragédie ; j'ai hurlé mon désespoir. Brodie est entré, me demandant ce que l'on devait faire pour la petite qui n'avait pas survécu... Devait-on l'enterrer avec sa mère à l'extérieur du cimetière ? Mais je l'ai chassé de l'église... Je ne voulais pas entendre parler de vous ; je suis désolé, Sammie, mais je ne pouvais supporter l'idée que votre naissance ait provoqué la mort de la femme que je chérissais...

Je suis resté des heures, seul, à la veiller ; au matin mon père est apparu, il s'est assis en silence à mes côtés, puis il m'a dit :
- Là où est Li-Ann, tu ne peux la retrouver... laisse-la partir en paix ; il y a vos enfants dehors et tu dois penser à eux désormais... Le pasteur a déjà baptisé une des petites, celle qui est en vie, mais il refuse de baptiser l'autre et ne veut pas dire l'office des morts pour ton épouse, d'après ses critères, elle ne peut être chrétienne... à cause de ses yeux, comprends-tu ? Pour lui, c'est une païenne !

Je lui ai demandé - un peu bêtement peut-être - de veiller sur votre mère et je suis allé trouver Brodie...

Dès que je suis entré dans le presbytère, la rage m'a pris et j'ai attrapé le pasteur par sa veste et conduit de force dans *notre* église. Finnigan m'a suivi avec le corps de Lucie. J'ai demandé à Thomas Brodie de baptiser la petite et de célébrer l'office, puis de les inhumer toutes les deux dans le cimetière aux côtés des autres membres de la famille Ogilvie-Macleod...

Il a voulu résister, alors je l'ai frappé au visage avant que mon père ne puisse intervenir et j'ai baptisé moi-même Lucie et dit l'office des morts à sa place...

Puis Finnigan et Isaac ont creusé deux tombes où nous les avons déposées... Je crois que la suite, vous la connaissez tous : dès que tout cela a été terminé, je vous ai abandonnés. Je suis passé embrasser Mère et Pénélope au château, puis j'ai disparu ! »

Un long silence s'installa dans la bibliothèque...
Tout le monde semblait recueilli ; au bout de quelques minutes, le duc reprit la parole:
« Plus aucun membre de la famille Ogilvie-Macleod ou du clan Mackenzie n'a remis les pieds

dans cette église depuis la tragédie... et cela jusqu'à votre alliance forcée continua-t-il, se tournant vers Evan et Esther. »

Le marquis de Kinloch sourit à ce souvenir et confirma :

- Mais je ne regrette en aucun cas cette union, père ; depuis notre fugue, il y a des années, Esther et moi savions que nous étions faits l'un pour l'autre... Vous n'avez jamais pu l'empêcher malgré toutes les mesures draconiennes que vous avez prises en ce sens.

Dunvegan sourit :

- Je m'en suis rendu compte sans doute avant toi, je crois. Lorsque nous avons voyagé ensemble, ta future épouse, Danaëlle et moi-même, alors qu'Esther rejoignait l'université d'Edimbourg... Je l'avais trouvée extraordinairement intelligente et surtout très douce...

Hayden prit la parole à son tour :

- Ce qui m'a le plus frappé à l'époque, c'est ce silence qui s'est déposé sur le château, puis sur celui de Dunvegan à la suite de votre retour avec Mitia... Comme une chape de plomb, pourtant nous étions de nouveau ensemble.

- Nous avions même appris à jouer en silence de peur de déranger votre chagrin, père, intervint Drayton.

- Oui, j'avais terriblement honte de m'être enfui mais j'avais aussi très peur de ne vous faire que du mal... J'étais à vif ; il me manquait une partie de moi-même et je n'arrivais absolument pas à me ressaisir !

Samantha avait écouté le récit de son père, cramponnée à la veste d'Oliver. Elle se demanda ce qu'elle éprouverait si son compagnon venait à disparaître subitement ou si elle perdait l'enfant qui commençait à vivre en elle.

 - Moi, le silence qui m'a le plus frappé, dit-elle, c'est celui qui s'est installé sur Dunvegan lorsqu'Evan nous a dit que vous alliez épouser une fée… J'ai eu l'impression que tout ce qui m'entourait s'était figé dans une attente pleine d'espoir… Les habitants du château marchaient au ralenti, les voix se faisaient murmures, les respirations silencieuses... Personne n'osait encore se réjouir de peur de réveiller le mauvais sort qui semblait vaincu.

 - C'est ce que j'ai ressenti également, avoua Elliot… Mais pour l'heure, poursuivit le jeune homme, je pense que nous devrions tous prévoir une nouvelle célébration à Glendevon, pendant que nous sommes encore réunis. Il faut régler ce problème avec le pasteur Brodie qui, je suis désolé de vous le rappeler, fait maintenant aussi partie de la famille au même titre qu'Esther et Jacob…

Ses paroles furent accueillies dans un grand silence. Mais Elliot ne se laissa pas intimider et continua :

 - Je descendrai avec Esther au presbytère pour arranger les détails, puisque je vois que tout le monde est d'accord… Le premier janvier me paraît très bien, c'est à la fois une fête catholique avec la solennité de la Vierge Marie et la fête de la Circoncision du Christ pour les fondamentalistes comme Brodie ! Quelqu'un a-t-il une question ou une remarque ?

 - Je suis pour, déclara Evan, puis se tournant vers Schrödinger, pourriez-vous rester jusque-là, tous les deux ?

 - Je ne sais pas si le pasteur me permettra d'entrer dans l'église après ce que je lui ai asséné aujourd'hui, répondit celui-ci.

- Vous ne lui avez dit que la vérité et il avait bien besoin de l'entendre, s'indigna son épouse !

Samantha rapporta alors les paroles d'Oliver aux membres de la famille et Elliot remarqua en souriant :
- Pour un mécréant, je trouve que vous défendez plutôt bien la foi chrétienne, c'est tout à fait juste. Qu'en pensez-vous, Père ?

- Mais je fais totalement confiance au docteur Schrödinger pour régler les conflits familiaux, répondit Dunvegan ironiquement ; se tournant vers Oliver, il ajouta : si cela réussit, j'aurai une formidable dette envers toi, fils !

Au souvenir de la réflexion de son beau-père, le jeune homme sourit dans la faible clarté offerte par la lune ; à part les incontournables craquements des boiseries, la chambre était silencieuse ; Sammie dormait depuis longtemps, enfin apaisée par la découverte de son passé et Oliver pensait qu'elle ne devait pas être la seule.

*
* *
*

Chapitre XV

La petite église de Glendevon était comble, la nouvelle de la présence de la famille Ogilvie à la célébration du premier janvier s'était répandue comme une traînée de poudre dans toute la vallée et même les habitants des fermes éloignées et les Mackenzie de Kinloch étaient présents.

Au premier rang à droite, face à l'autel se tenaient Evan et son père ainsi que leurs épouses. A leur gauche s'étaient retranchés Bethsabée, la sœur du pasteur Brodie, ainsi que son neveu Jacob et deux autres fidèles de la petite communauté. Au deuxième rang étaient assis Oliver et Samantha aux côtés d'Hayden, Alessandra et leur fille.

Drayton avait tenu à siéger juste derrière la tante d'Esther, avec Catarina et ses sœurs, afin de la prendre en tenailles, avait-il dit.

Malgré son apparence austère, le beau-père du marquis semblait heureux de voir son église aussi remplie.

Il formait un contraste saisissant, tout de noir vêtu, les rabats blancs de l'ancienne et la nouvelle alliance bien amidonnés, face à un Elliot en soutane blanche et étole dorée…

L'ange et le démon, le bon et le méchant… ne put s'empêcher de penser Schrödinger, en lui-même.

« Nous sommes tous réunis aujourd'hui pour célébrer la fête de la Circoncision du Christ, ainsi que la solennité de la Vierge Marie pour nos frères catholiques, commença le pasteur ; mais je pense que si vous êtes venus aussi nombreux en ce jour, ce n'est pas par élan œcuménique mais plutôt à la suite de l'annonce de l'intention de cette célébration eucharistique... Nous prierons aujourd'hui pour le repos de l'âme de notre sœur en Christ, feu la marquise de Kinloch, Li-Ann Ogilvie-Macleod, ainsi que pour celui de sa petite fille Lucie décédée à ses côtés le premier novembre 1960 »

Voilà ! Tout était dit ! Enfin ! Lord Peter respira profondément afin de cacher son émotion ; il sentit la main de Danaëlle se crisper sur son bras et se tourna vers elle cherchant dans ses yeux le réconfort dont il avait tant besoin ; elle seule savait à quel point il avait souffert de la perte de sa première épouse.

Il se rappela qu'au début de leur union, Danaëlle l'avait accusé d'être trop orgueilleux, ce qui l'empêchait d'accepter le décès de Li-Ann comme un accident et non comme un drame qu'il aurait été en mesure d'éviter.

« Mais pour qui vous prenez-vous, Pierre Ogilvie, pour refuser de vous pardonner ce que Dieu lui-même vous a déjà pardonné, lui avait-elle dit alors ».

Elle lui avait également fait comprendre très vite qu'elle refuserait de jouer les gardiennes de musée et qu'un couple était une alliance entre deux personnes et non trois ! En deux mots, grâce à elle, il avait recommencé à vivre et non plus à survivre dans l'intérêt commun.

Il reporta de nouveau son attention sur les paroles de Brodie.

« C'est aussi la fête de l'inculturation de notre Seigneur Jésus-Christ, au sein de cette terre de justes et de prophètes - la terre de l'Ancienne Alliance -. Dieu s'est incarné dans l'histoire des hommes, dans *notre* histoire, il vient à notre rencontre sous les traits de ce nouveau-né de huit jours, qu'une femme de Galilée présente aujourd'hui au temple...

J'ai toujours été, et cela m'a du reste été assez reproché, un fervent partisan de la circoncision[13], elle est le signe qui nous relie sans interruption au père de tous les croyants, notre patriarche Abraham; le signe par lequel les trois religions monothéistes se rejoignent...

Abraham, sur le point de sacrifier Isaac, est interrompu dans son geste par l'ange du Seigneur...

À partir de ce moment, dans l'histoire du peuple choisi, il ne sera plus sacrifié - sans offenser le créateur - de premier-né pour assurer la pérennité et la prospérité humaine... Dieu nous fait comprendre par le rite de cette circoncision qu'il est le Dieu de la vie et que cette vie rachetée est marquée dans la chair de l'Homme, de celui qu'il a chargé de transmettre son message d'amour...

Nous oublions bien souvent, que les païens avaient coutume de sacrifier des premiers-nés... Immoler ce que l'on a de plus cher, pour s'accorder la faveur de la divinité était courant et, bien plus tard, se croyant abandonnés du Seigneur, sous la menace de leurs puissants voisins, les rois d'Israël ont « fait ce qui est mal aux yeux du Seigneur »; renouant avec les rites antiques, ils déclencheront la colère divine.

---

[13] *Homélie inspirée de celle du père Paolo, Mar Musa, Syrie 2011*

Il s'en suivra la destruction du Temple de Jérusalem et l'Exil...

Je n'ai jamais été d'accord avec saint Paul lorsqu'il affirme - dans ses Epîtres - que les païens appelés à la foi au Christ sont exemptés de la circoncision parce qu'ils passent sous le régime de la foi et ne doivent plus remplir les prescriptions de la loi... et qu'il cite dans la lettre aux Galates, Abraham ? Celui qui a été justifié par sa foi ! C'est oublier un peu facilement qu'il est aussi le premier à qui Dieu a imposé ce rite, à lui, à toute sa maisonnée et à toute sa descendance, non ? On ne peut quand même pas citer le même témoin à charge et à décharge !

Oliver écoutait avec un étonnement croissant le discours du père d'Esther et de Jacob et commençait à entrevoir les raisons des allusions de Mitia au sujet du *baptême au sécateur* comme il l'avait appelé. Il fallait de toute urgence qu'il se renseigne auprès d'Evan !

Le pasteur Brodie pratiquait-il la circoncision forcée chez ses paroissiens ?

Je sais que nos frères catholiques ont dédié le premier jour de l'année à la Vierge Marie, la femme choisie pour enfanter le rédempteur de notre humanité ; je trouve cela un peu dommage d'avoir abandonné cette fête antérieure, que la tradition des Eglises Orientales honore toujours, car de toutes les façons... là où est le Fils, la Mère n'est jamais loin !»

La suite de la célébration se déroula dans un silence recueilli. Elliot Ogilvie et Thomas Brodie consacrèrent ensemble le pain et le vin, puis distribuèrent la communion aux fidèles venus si nombreux.

Après l'office, les deux pasteurs prirent solennellement la direction du petit cimetière précédés de deux enfants de chœur, l'un portant l'encensoir et l'autre la vasque remplie d'eau bénite, ils se dirigèrent vers les sépultures de Li-Ann et de sa fille Lucie, petite sœur jumelle de Samantha.

Lorsqu'ils eurent atteint les tombes, Brodie s'approcha de Lord Peter et lui avoua :
- Ce n'est pas le coup de poing que vous m'avez donné qui a provoqué mon ressentiment envers votre famille - je pense aujourd'hui que je l'avais mérité - mais votre manque total de retenue dans la douleur ; je trouvais vos cris de désespoir devant l'autel absolument odieux, comment pouviez-vous invectiver Dieu de la sorte ? J'avais moi aussi perdu ma femme et je me montrais digne dans le deuil ; j'acceptais l'épreuve dans la foi, alors que vous, vous ? L'héritier du titre ? L'exemple de toute notre communauté, prostré sur les marches ! Je ne pouvais l'accepter...

Je ne vous présenterai pas d'excuses pour ma conduite d'autrefois, la vie s'est chargée de m'apprendre l'humilité, quoique ? Les vieux démons resurgissent toujours... Mais, depuis ce jour funeste, j'ai béni à chaque fête chrétienne, les sépultures que j'avais refusées de creuser avec la même piété que toutes celles de ce cimetière... Je pense, malgré tout, avoir fait mon devoir de pasteur.

Le chef du clan Ogilvie-Macleod Sa Grâce lord Peter, regarda longuement son ancien ennemi, puis lui tendit la main :
- Bienvenue dans notre famille, Thomas Brodie, pasteur de Glendevon, lui dit-il. Mon père n'a jamais voulu vous chasser de la vallée à la suite de vos actes ;

il pensait qu'un guide énergique et convaincu était nécessaire à l'édification de la jeunesse de son propre troupeau ; le prêche que vous nous avez tenu ce matin en est bien la preuve... Grâce à vous, presque tous les jeunes gens de mes domaines ont retrouvé le goût de l'étude après être passés entre vos mains... en particulier mon fils Evan.

Brodie lui sourit et, repensant aux conséquences de la fugue du marquis de Kinloch-Abbey avec sa fille cadette, Esther, il ajouta :

- Les héritiers sont faits pour porter le poids des traditions ; sans rite, l'homme a tendance à choisir le chemin de la facilité, souvent celui de la perdition ; et puis, que représente une petite douleur passagère en comparaison de la douleur que portent nos femmes ?

Mais, il y a une chose que je vous envie, Votre Grâce... C'est d'avoir eu le courage de recommencer à vivre et à aimer, pour vos enfants, pour une autre femme, pour vos gens !

Il s'inclina devant lady Danaëlle puis, avec le duc, d'un même geste, ils bénirent les tombes de Li-Ann et de Lucie.

Et, dans une atmosphère emplie de sérénité, ils furent imités par chaque membre de la petite communauté de Glendevon, des clans Ogilvie, Macleod et Mackenzie...

Profitant de sa proximité avec Evan, Oliver lui chuchota :

- Tu avais quel âge quand tu as fait ta fugue avec Esther, se renseigna-t-il ?

- Treize ans ! Et je me rappelle encore les paroles du docteur Macfie : « Du courage, mon garçon, ce n'est qu'un mauvais moment à passer ; mais après, je

te promets que tu ficheras la paix à toutes les filles de la région pendant un bon bout de temps !»
- Vous êtes encore vraiment des sauvages par ici ! S'exclama Schrödinger horrifié.
- C'était ça, ou Esther était bannie de chez son père. Elle aurait dû abandonner sa chère vallée et vivre dans un pensionnat, en ville, pendant des années.
Oliver réfléchit longuement à la suite de l'aveu de son beau-frère... Et lui ? N'avait-il pas séduit de façon éhontée une jeune fille innocente ?
Puis, il s'était jeté dans la gueule du loup en la poursuivant jusqu'à Paris !
Finalement son timide rapprochement avec la tradition chrétienne avait peut-être déjà vécu !

*

L'hélicoptère s'éleva lentement au-dessus des bâtiments constituant Kinloch-Abbey ; le temps clément avait permis à Drayton de prévoir un vol sans problème vers Glasgow et de là, ses frères et sa sœur pourraient continuer vers Londres ou Zürich.
Lui-même reviendrait chercher le reste de la famille plus tard. Il avait encore un sujet brûlant à aborder avec son père et il savait que cette fois-ci il ne s'en sortirait pas par une simple boutade au sujet de son mariage éventuel avec Catarina...
« Nous avons décidé de le repousser, ne voulant en aucun cas faire de l'ombre à Sam et Ollie... avait-il répondu à la question du duc le jour de Noël».

De son côté, Oliver passait mentalement en revue tous les événements de ces quelques jours, passés au sein de sa famille écossaise.

Il avait quitté Zürich, laissant une foule de questions en suspens, mais aujourd'hui, au vu de l'expérience fraîchement acquise cette semaine, tout lui semblait clair : Il allait confier les trois branches de recherches à Irina, Charles et... Samantha !

Et en ce qui concernait l'organisation de la fondation Li-Ann, il ferait confiance à son instinct ; il agirait de la même manière que son marquis de beau-frère... Il lui avait été confié la responsabilité de ces « gens », à lui de s'acquitter honorablement de sa tâche.

Portant son regard vers sa compagne, il sourit en voyant avec quelle ardeur, elle feuilletait le petit livre qu'Evan leur avait remis solennellement hier soir : *Précis de modération et de tempérance*, opuscule traduit du Chinois sur l'attitude juste à adopter dans le couple...

*
* *
*

Epilogue

Schöne Aussicht, Février 1992.

Après la soirée d'hier, Samantha et Oliver s'étaient réconciliés. Danaëlle leur ayant proposé de s'occuper des quatre petits, ils étaient sortis marcher ensemble pour la plus grande joie de Pataud. Le chien les entraîna automatiquement vers les bords du lac et malgré le froid du mois de février, plongea directement dans l'eau dès leur arrivée sur la berge.

- Il est vraiment impossible de tenir un labrador hors de l'eau, commenta Samantha en riant.

Oliver s'approcha d'elle et voulut la prendre dans ses bras, mais elle se déroba.

- Non ! Pas après tout ce que tu m'as dit injustement.

- Je te demande pardon, Sammie, mais j'ai vraiment cru t'avoir perdue !

- Ce n'est pas toi qui, il y a des années, me reprochais de ne pas te faire confiance ? Tu as vraiment pensé que j'avais une aventure avec Charles ?

- Il y a des années, je t'ai dit aussi que je ne pouvais pas être génial tous les jours...

Samantha se tourna vers son époux avec un sourire triste qu'il reçut comme un coup de poignard. La jeune femme poursuivit :

- Nous travaillons ensemble depuis plus de dix ans et parfois, c'est plus facile de discuter en dehors de l'institut ; Charles est comme moi, en ce moment il a

l'impression de tourner en rond... Alors nous avions décidé de changer de décor et d'aller dîner en ville. Je ne vois rien de mal là-dedans ? Surtout que ta secrétaire m'a dit que tu ne rentrais que vendredi soir.
Oliver sursauta :
- Pardon ?
- Oui, je t'assure, Petit Pierre l'a appelée hier et elle lui a dit que tu étais encore aux Etats-Unis pour plusieurs jours.
- Mais c'est faux ! Je t'avais dit que je serais rentré mercredi soir et de bonne heure en plus.
Samantha hocha la tête pour acquiescer.
- De plus, elle n'a pas été très agréable avec lui, apparemment elle n'aime pas les enfants !
- Bon, je pense qu'il va falloir que je m'occupe d'elle : quel dommage que notre vieille secrétaire nous ait quittés. C'est de ma faute, je n'ai pas pris vraiment le temps de la former et elle a dû prendre le train en marche...
- Ah non ! Tu ne vas quand même pas la défendre ! Je trouve incroyable que ta propre famille ne sache pas ce que tu fais ni où tu es ! S'indigna son épouse. Les résultats que tu présentes à l'étranger, ce sont nos recherches. Alors, excuse-moi, si je voulais profiter de la visite de Danaëlle pour dîner tranquillement en ville avec un collègue !
Sentant que malgré tout la discussion s'envenimait, Oliver prit de force sa femme dans les bras. Elle tenta de résister mais il ne la lâcha pas. Ils luttèrent quelques instants puis la jeune femme s'abandonna dans les bras de son vieux complice :
- Pourquoi en sommes-nous arrivés là, Ollie ? Demanda-t-elle, levant les yeux vers lui.

- Je ne sais pas, mais crois-moi, je vais m'en occuper sérieusement.

En arrivant à son bureau ce matin-là, le professeur Schrödinger ne fut qu'à moitié étonné de voir que son beau-père l'y avait précédé.
Peter Ogilvie leva les yeux vers son gendre :
- Que se passe-t-il, Oliver ?
- Je n'en sais rien, à part que j'ai failli perdre Samantha.
Ogilvie lui sourit :
- Assieds-toi, dit-il en lui indiquant le fauteuil en face du sien, et reprenant :
- Tu ne perdras jamais Samantha, ce que vous avez construit ensemble est bien trop solide... Ecoute, tu diriges depuis dix ans maintenant cet institut ; tu en as fait un centre de recherche réputé, tu as terminé ton Habilitation et tu peux prétendre à un poste de professeur d'université tant à Zürich qu'à Oxford. Vous avez eu dans le même temps quatre merveilleux enfants...

Je me répète peut-être, Oliver, mais vous avez bâti quelque chose de solide. Il faut que vous preniez maintenant le temps de consolider votre couple et votre famille.

La porte du bureau s'ouvrit tout à coup et la secrétaire entra, portant sur un plateau du café et des petits pains.

- Je ne vous ai pas entendue frapper, Mademoiselle, attaqua directement Monsieur le professeur !
- Oh, je pensais simplement faire au mieux, sans vous déranger...
- Et bien, Mademoiselle, ne pensez plus, mais essayez de vous en tenir aux règles les plus élémentaires de la politesse !

La jeune femme, rouge de confusion, déposa maladroitement le plateau sur la petite table séparant les deux fauteuils et s'éclipsa vivement.
Eclatant de rire, Ogilvie renchérit:
- Tu as bien fait. Tout le monde se moque de moi, parce que depuis des années j'ai LE même fidèle secrétaire.
- Oh, comme notre chère « Mony Penny » nous manque, ajouta Schrödinger... De toute façon cette charmante demoiselle ne restera pas ! Plusieurs fois déjà, elle a *oublié* de me passer Samantha ou les enfants sous prétexte que cela pouvait me déranger. Par certains côtés elle me rappelle Julia Brenner...
- Eh bien, libère-t-en au plus vite, lui conseilla Peter.
- Je crois que je vais suivre votre exemple, me mettre en chasse d'un secrétaire masculin et laisser les mauvaises langues se régaler !

Ogilvie regarda son beau-fils avec fierté et lui répondit :
- Je crois que j'ai quelque chose à te proposer qui pourrait t'intéresser, ou plutôt, vous intéresser, Samantha et toi. Mais d'abord, j'aimerais attirer ton attention sur un sujet ancien...
- Quel sujet ? Demanda Schrödinger, levant les yeux, brusquement inquiet.
- Ton problème avec ta mère, Oliver, le problème que tu refuses de voir depuis des années et qui te mine intérieurement.
- Nous en avons déjà parlé de nombreuses fois, Pierre et je n'ai pas changé d'avis ! La seule fois où Sam et moi avons fait l'effort d'y aller avec les enfants, cela s'est terminé en catastrophe.

- Mon cher Oliver, tant que tu n'auras pas réussi à régler tes comptes avec ta mère et ton beau-père, tu risqueras de gâcher ton avenir affectif et celui de tes enfants.
- Non ! Explosa notre nouveau professeur, je ne veux pas en entendre parler, surtout en ce moment... Quel était l'autre sujet dont vous vouliez me parler, plutôt nous soumettre ? Tenta-t-il.

En soupirant, Lord Peter allongea les jambes devant lui et continua :
- J'ai peut-être une idée pour vous faire changer d'air.
- Oh, oh, s'exclama Schrödinger, se redressant.
- Tu sais qu'Evan va partir en Chine pour son projet de barrage... poursuivit le père de Samantha.
- Oui et non... la dernière fois que nous en avons parlé ensemble c'était à Noël... mais rien n'était encore décidé, je crois?

Lord Peter s'étira longuement comme si cela l'aidait à réfléchir ; puis il regarda Oliver droit dans les yeux :
- Evan meurt d'envie de construire ce barrage et cette fois-ci Esther accepte de le suivre ; non... le seul problème, c'est Kinloch... Jacob, notre régisseur accomplit un travail fabuleux, mais lorsqu'il faut trancher certains litiges, les choses se compliquent rapidement et les fermiers préfèrent avoir à faire au marquis lui-même... Cela peut paraître stupide pour quelqu'un d'extérieur, mais malheureusement, il en est toujours ainsi, les arrangements conclus avec un régisseur sont très souvent remis en question dès qu'une autre difficulté apparaît.

Schrödinger sourit à son beau-père d'un air entendu. Les problèmes hiérarchiques étant son lot quotidien, il poursuivit la pensée de Dunvegan :
- Et d'après vous, si c'était quelqu'un de la *lignée* qui assumait l'intérim, cela se passerait beaucoup mieux avec les gens du cru ?

Oliver sembla lui aussi se détendre et continua :
- Pour un changement, ce serait vraiment... il réfléchit une seconde et ajouta... radical ! Et pour combien de temps Monseigneur compte-t-il être absent ? Cinq ans, dix ans ?

Ogilvie rit de sa remarque et répondit :
- Je ne pensais pas que tu prendrais la chose aussi facilement. Il me semble qu'il a parlé de cinq ans, pour commencer...
- Cela va nous poser à tous des problèmes logistiques... Les enfants partent aussi ? demanda-t-il.

Le café servit, il en tendit une tasse à son beau-père.

- Dans un premier temps oui, mais d'ici deux ans Duncan doit entrer au collège et il devra résider chez son oncle à Londres.

- Je suis sûr que ses deux cousines en seront ravies et cela fera un homme supplémentaire le week-end à la maison... Hayden lui aussi y trouvera son compte.

Schrödinger tournait pensivement sa tasse entre les mains lorsque lord Peter l'interrompit :
- Alors, c'est d'accord ?
- Oh, oh... pas si vite, je dois d'abord en parler à Sam, si j'acceptais sans lui demander son avis, les hostilités reprendraient de plus belle ! Je n'ai vraiment pas besoin de cela en ce moment et puis... je devrai organiser mon propre remplacement.

Relevant la tête vers son interlocuteur, il lui demanda :

- Pensez-vous que je serai à la hauteur ?
- Tu es un extraordinaire meneur d'hommes, Oliver : je ne vois en fait qu'un seul problème... pour ton ego ! Tu devras porter le kilt traditionnel du clan... continua-t-il en riant.
- Parce que toute l'autorité vient de la jupe ?
Ogilvie le regarda en soupirant,
- Je pense qu'il y aura quelques petits ajustements à prévoir, ajouta-t-il mystérieusement.
En se levant, il ajouta
- Eh bien, merci pour le café, je te trouve déjà meilleure mine que tout à l'heure... Tiens-moi au courant de la réaction de Sammie.
Oliver se leva également et raccompagna son beau-père jusqu'à la porte. Il réfléchissait à toute vitesse à la façon de gérer ce formidable changement qui les attendait peut-être. Il savait déjà que Samantha trouverait l'idée géniale, mais les enfants ? Entre passer l'été comme des sauvages, pieds nus, en kilt, à sauter les cours d'eau glacés des Highlands avec les cousins et y vivre toute l'année dans le brouillard...
Il frissonna en tendant la main à lord Peter.
- Allons, Oliver, ne t'affole pas, tu n'y es pas encore... Mais n'oublie pas la chose à mon avis la plus import...
- Ah non ! S'il vous plaît...
- Fais-le pour Samantha et les enfants, ils aiment bien Rébecca et Stephan, tu verras que cela va s'arranger. Tu m'as dit toi-même que ton beau-frère était un type formidable, à deux vous aurez raison d'un seul beau-père, non ?
Oliver fit semblant de rechigner :
- Lorsque vous avez une idée en tête... commença-t-il.

- Oui, il paraît que je suis très tenace et de toute façon, j'ai une dette envers toi. Embrasse Sammie et les petits pour moi ; je suis rentré trop tard hier soir et ce matin Danaëlle les avait déjà accompagnés à l'école.

Imagine, continua-t-il... Ils parlent presque trois langues et ils vont avoir la chance d'apprendre le gaélique en prime.

- Oh, pour l'instant, leurs connaissances dans ce... cette langue, se reprit Schrödinger de justesse, se limitent à un vocabulaire de corps de garde qu'ils peuvent employer ici en toute impunité...

Le professeur Schrödinger, tourné vers la fenêtre de son bureau, regardait le duc des Highlands s'éloigner d'un pas vif dans l'allée du parc. Un flot de gratitude l'envahit soudainement ; il devait tant à cet homme secret, ce gentilhomme, qui représentait la charnière entre deux époques.

Saurait-il lui-aussi, transmettre à ses propres enfants ces valeurs de *Dignité et de Simplicité* ?

Névache, le 16 Août 2011.

Mes sincères remerciements à tous ceux et celles qui sont à l'origine de ce manuscrit et tout particulièrement :

Anne-Marie Meaufront et Elisabeth Bourbousson dans les rôles d'impitoyables correctrices ainsi que Jean-Yves Jaudeau pour son point de vue masculin sur le texte et le groupe *Scole* pour son écoute bienveillante et ses critiques constructives.

Toute ma gratitude également à Martine Chiris et Nicole Sébastianelli qui, telles les « ouvrières de la dernière heure », m'ont permis de mettre la touche finale à ce manuscrit.

Les éventuelles erreurs qui seraient restées tapies dans le texte ne sont imputables qu'à moi-même.

Merci également à Michael Stemmer dont les illustrations embellissent l'ouvrage sans en trahir l'atmosphère.

Et un très grand merci à mon époux André dont le soutien inconditionnel m'a permis de mener à bien cette aventure.

*

* *

*

L'auteur

Sylvie Koll, parisienne d'origine et docteur en chimie de l'université de Francfort, a travaillé plusieurs années dans divers instituts de recherche avant de se consacrer à l'éducation de ses quatre garçons sur la Côte d'Azur. Durant cette période elle commence des études de musique et de théologie.

Rentrée depuis peu en Allemagne, elle nous livre ici son premier roman.